TRABALHO DECENTE

UMA ANÁLISE NA PERSPECTIVA DOS DIREITOS HUMANOS TRABALHISTAS A PARTIR DO PADRÃO DECISÓRIO DO TRIBUNAL SUPERIOR DO TRABALHO

AUTORIA DE
DELAÍDE ALVES MIRANDA ARANTES

TRABALHO DECENTE

UMA ANÁLISE NA PERSPECTIVA DOS DIREITOS HUMANOS TRABALHISTAS A PARTIR DO PADRÃO DECISÓRIO DO TRIBUNAL SUPERIOR DO TRABALHO

2023

LTr Editora Ltda

© Todos os direitos reservados

Rua Jaguaribe, 571
CEP 01224-003
São Paulo, SP — Brasil
Fone (11) 2167-1101
www.ltr.com.br
Março, 2023

Produção Gráfica e Editoração Eletrônica: PIETRA DIAGRAMAÇÃO
Projeto de capa: DANILO REBELLO
Impressão: LOG & PRINT GRÁFICA LOGÍSTICA

Versão impressa— LTr 6377.3 — ISBN – 978-65-5883-192-1
Versão digital—   LTr 9878.6 — ISBN – 978-65-5883-193-8

Dados Internacionais de Catalogação na Publicação (CIP)
(Câmara Brasileira do Livro, SP, Brasil)

Arantes, Delaíde Alves Miranda
Trabalho decente: uma análise na perspectiva dos direitos humanos trabalhistas a partir do padrão decisório do Tribunal Superior do Trabalho/Delaíde Alves Miranda Arantes. – São Paulo : LTr, 2023.
Bibliografia.
ISBN 978-65-5883-192-1
1. Brasil – Direito do trabalho – Jurisprudência 2. Direito trabalhista 3. Direito fundamental – Brasil 4. Direitos humanos – Brasil 5. Organização Internacional do Trabalho – Leis e legislação 6. Relações trabalhistas – Brasil 7. Trabalho e trabalhadores 8. Tribunal Superior do Trabalho – Jurisprudência I. Título.

22-135129   CDD-34:331.101.21

Índice para catálogo sistemático:

1. Direito fundamental ao trabalho digno: Direito trabalhista 34:331.101.21
Inajara Pires de Souza – Bibliotecária – CRB PR-001652/O

A Daylton Anchieta Silveira, em memória, advogado trabalhista em Goiás, pelo papel de mestre, amigo e irmão ingressando-me na Advocacia Trabalhista no início de minha carreira jurídica.

A Luiz Inácio Lula da Silva, presidente da República Federativa do Brasil, que me fez Ministra do Tribunal Superior do Trabalho, como um de seus últimos atos de escolha em lista tríplice do TST, no final de seu segundo mandato na Presidência.

A Pedro Paulo Teixeira Manus, em memória, Ministro do TST que acompanhou meus primeiros passos de magistrada, me ensinando valorosas lições jurídicas, de vida, de amizade leal e sincera, de humanidade, de solidariedade e de carreira, atuando junto a mim por vários anos na composição da 7ª Turma do Tribunal.

AGRADECIMENTOS

O sonho foi acalentado por mais de quarenta anos de cursar o Mestrado realizado com o enfrentamento de grandes desafios e muitas dificuldades pelo caminho. Foi necessário recorrer à fé em Deus e à prática cristã de muita oração, súplicas diárias ao Criador por saúde, persistência, força e o reconhecimento de que não seria possível conseguir sozinha. Além da imprescindível proteção Divina, pela qual serei sempre grata Àquele que rege o universo. Assim, meu primeiro agradecimento é a Deus. É imperioso registrar também a contribuição, o companheirismo e a amizade de pessoas humanas maravilhosas, sem as quais este desejo do coração não teria sido possível.

A gratidão é um dos princípios bíblicos importantes e que sempre procurei cultivar na vida. Com certeza, não será possível nominar todas as pessoas que efetivamente contribuíram para a concretização deste objetivo. Por isso, tomo a liberdade de registrar antecipadamente meu pedido de desculpas por eventuais omissões ao listar os agradecimentos. A todas e todos que participaram de algum modo, desde a apresentação do projeto de pesquisa, no ano de 2018, até o momento final de apresentação da defesa da dissertação, minha eterna gratidão, mesmo se seus nomes não constarem nesse espaço de agradecimentos.

Aos meus pais amados, Waldivino Ribeiro de Miranda, em memória, e Maria Diogo Alves, agradeço pelos ensinamentos, pelo apoio que nunca faltou e pelo amor incondicional. Ao meu esposo Aldo Arantes, grande amor que tive a sorte de encontrar na vida, obrigada por tudo. Ao André Almeida Cunha Arantes, Camila Rioja Arantes, Rafael Rioja Arantes, Lynn Carone; à Priscila Almeida Cunha Arantes, Wagner Gasparini Araújo Costa, Thiago Arantes e Carolina Arantes; aos queridos sogros, Galileu Baptista Arantes e Maria de Lourdes Silva Arantes, em memória, família do coração que aprendi a amar, respeitar e admirar, obrigada pelo apoio, pelos conselhos, pelo carinho e por sempre acreditarem em mim.

Aos meus irmãos e irmãs Miranda, que tanto amo: Deide Miranda, Devaides, Delsonides, Devani, Denise, Débora e Darci Miranda e Davi Miranda, de saudosa memória. Às minhas filhas Patrícia Miranda Amaral e Lorena Miranda Gasel, às netas Manuela Miranda Amaral, Elisa Miranda Gasel e Rafaela Miranda Gasel. Aos netos Gabriel Villela, João Pedro Amaral e Filipe Miranda Gasel. Aos genros Bruno Altino Amaral e Guilherme Arthur Gasel. Amo a minha família, ela é grande esteio, razão de ser e destinatária de minhas preces cotidianas, em súplicas e gratidão a Deus.

Meus agradecimentos à direção do Tribunal Superior do Trabalho, que em tempos de tantas crises, de pandemia e de tamanhas dificuldades tão bem dirigiu o Tribunal na gestão 2020/2022: a Presidente Maria Cristina Peduzzi, primeira mulher a assumir os destinos da Justiça do Trabalho, em sua história de mais de oitenta anos. O Vice-Presidente Luiz Phillipe Vieira de Mello Filho e o Ministro Aloysio Correia da Veiga.

À gestão atual (biênio 2022-2024): ao Presidente Ministro Lelio Bentes Corrêa, ao Vice-Presidente Ministro Aloysio Correia da Veiga e à Corregedora-Geral da Justiça do Trabalho Ministra Dora Maria da Costa.

À gestão da Enamat (biênio 2022-2024): ao Diretor Ministro Mauricio Godinho Delgado, ao Vice-Diretor Ministro Augusto César Leite de Carvalho, ao Conselho Consultivo e toda equipe.

A dedicação aos estudos e à pesquisa somente foi possível a partir do incentivo e apoio de trabalhadores e trabalhadoras dedicadas, do meu Gabinete no TST e em casa, nas residências de Goiânia e Brasília. Nas pessoas de Giovana Horta Barreto Nabut, Katiane Pires Diógenes e Marina Vilela, agradeço a toda a Equipe GMDMA: assessoras e assessores, assistentes, secretárias e secretários, motoristas. Todas as servidoras e servidores do gabinete, a seu modo e forma, contribuíram para tornar realidade meu trabalho acadêmico, sem prejuízo aos relevantes serviços públicos que prestam cotidianamente.

No âmbito residencial, o indispensável apoio, carinho e suporte da Celma Maria Caixeta, Sandra Severino Pires de Souza, Solange Guimarães, Ana Cristina Alves Sena, Angra Francisca de Carvalho e Marcelo Alves Silva. Sem essa valiosa colaboração, o tempo dispensado ao estudo e à pesquisa teria sido ainda mais escasso e a missão muito mais difícil.

No ambiente de trabalho, nos incontáveis dias que trabalhei fora do expediente, antes ou após concluir as audiências agendadas, o exame de planilhas, a preparação para as sessões, os despachos de rotina e outros afazeres do cargo, eu permanecia no local de trabalho para viabilizar a realização da pesquisa e dos estudos, uma vez que não foi possível usufruir da licença capacitação de servidora pública, embora conste do Regimento Interno do TST.

Em todo esse tempo, pude contar com a presteza, a eficiência e o carinho dos garçons e das ajudantes de conservação e limpeza. Sempre com um sorriso, um cumprimento amável e respeitoso, essas pessoas humanas admiráveis me serviram café, chá. Não deixavam faltar água, sempre completando o copo vazio com um sorriso, dizendo bom-dia, boa-noite. Agradeço a cada um e a cada uma nas pessoas da Deuselina Aires Leal Ricardo, a Deusa, e Vitor Tiago Castro de Oliveira, Deusimar Pinto Correia, Orlando Lima Mendonça, Adriana Célia Valentina e Genilda Oliveira.

Agradeço ao Ministro do TST Mauricio Godinho Delgado, que, além da prestimosa contribuição com sua vasta obra que integra as referências bibliográficas das mais citadas neste trabalho, ainda contribuiu enormemente na condição de Presidente da Comissão de Documentação do TST, a qual pertence a Biblioteca do Tribunal Superior do Trabalho, da qual foi disponibilizada por empréstimo a maioria das obras que figuram nas referências desta obra. Aos servidores e servidoras da Biblioteca, na pessoa do servidor Gilberto Alves Paulino Filho, meus agradecimentos pela eficiência e presteza no atendimento a mim dispensado.

À Universidade de Brasília (UnB), meus agradecimentos por propiciar a realização deste grande sonho. Minha gratidão a todas as pessoas que tive a oportunidade de conhecer e com quem convivi na pós--graduação e que foram muito importantes para mim ao longo de toda essa etapa, desde o período em que me inscrevi para a seleção, em 2018.

Registro aqui minha gratidão para sempre à querida Professora Gabriela Neves Delgado, orientadora que, com eficiência, dedicação e competência, inspira a todos e todas que a conhecem e que tiveram o privilégio de ser seu aluno ou aluna. Ela recebe a todas e todos de braços abertos na UnB, orienta com sabedoria e firmeza, com o cuidado, o carinho e a dedicação das grandes mestras. É também exemplo de pessoa humana, de profissional gentil, firme e inteligente.

Aos Professores Doutores José Geraldo de Sousa Júnior, Kátia Magalhães Arruda e Antônio Escrivão Filho, gratidão sempre, por terem aceitado participar da minha banca de defesa. Às Professoras e aos Professores da Faculdade de Direito da UnB: Fabiano Hartmann, Rebecca Lemos Igreja, Camilo Negri, Talita Rampin, Simone Rodrigues Pinto e Cláudia Rosane Roesler, com quem tive a oportunidade de cursar as disciplinas do Mestrado, agradeço pelos ensinamentos preciosos da disciplina e de vida que ministraram. Aos técnicos-administrativos da Faculdade de Direito da UnB, todas e todos dedicados e solícitos, aos quais agradeço na pessoa da competente secretária Euzilene Rodrigues Morais, pela atenção, paciência e atendimento primoroso.

Agradeço de modo muito especial também, a todas e todos que integram o Grupo de Pesquisa "Trabalho, Constituição e Cidadania" (UnB-CNPq), coordenado pela orientadora, Professora Doutora Gabriela Neves Delgado. Entre os colegas do Grupo de Pesquisa, não posso deixar de mencionar a Valéria de Oliveira Dias, por compartilhar a sua experiência de mestra. Ao Abílio Souza e Silva Neto, Maria Cecília de Almeida Monteiro Lemos, Professor Ricardo José Macedo de Britto Pereira, Marthius Sávio Lobato, Helder Amorim, Murilo Oliveira Souza, Vitor Sousa Freitas.

Em tempos tão difíceis, conciliar os papéis indelegáveis de mulher, mãe, avó, filha, esposa, irmã com o trabalho de servidora pública federal em dedicação exclusiva, se tornou em determinado momento, com a pandemia da Covid-19, um desafio quase intransponível. Foi nessa hora que profissionais competentes e amigos queridos entraram em cena empenhados em fazer com que eu não desistisse do projeto acadêmico tão sonhado. A lista é enorme, graças a Deus, mas vou tentar nominar: a minha psicóloga Ana Carolina Fernandes, o médico Einstein Francisco de Camargos, os colegas e amigos Maria Beatriz Teodoro, Márcia Nunes, Julia Loures Nunes, Fábio Portela, Leonardo Vieira Wandelli, Sebastião Geraldo de Oliveira e André Machado.

Pelas mesmas razões e por toda a contribuição e amizade, agradeço ainda ao Professor Doutor Valério de Oliveira Mazzuoli, e às ministras do TST, Kátia Magalhães Arruda e Maria Helena Malmman. Sem a força e a proteção contínua de Deus, invocada em orações todos os dias, e sem os incentivos dessas pessoas imprescindíveis para mim, eu não teria prosseguido na pós-graduação.

A minha gratidão à Carolina Di Assis, amiga e colega desta Pós--Graduação UnB, conterrânea goiana, que compartilhou comigo seus conhecimentos jurídicos e de sua formação em Letras, incentivando-me a continuar e acompanhando-me em longas leituras e na primeira revisão de textos, sempre atenciosa e paciente. Foi de fundamental importância a participação desta amiga tão especial, a quem o futuro certamente reserva muito sucesso e vitórias, na vida e na carreira. Agradeço imensamente à Professora Tatiana Serpa Guedes, que muito contribuiu com a tradução para o inglês do resumo e das palavras-chave.

O apoio técnico em um trabalho acadêmico é fundamental, principalmente na fase de pesquisa documental. Agradeço muito a colaboração e o apoio de Professora Doutora Maria Cecília de Almeida Monteiro Lemos, Doutor Fábio Portela, Washington Luis Batista Barbosa, Katiane Pires Diógenes, Neriane Sousa Carvalho, Clebson dos Santos Almeida, Lara Cecília Jacinto Monteiro, Victória Argolo Borges, Laryssa Faria de Brito Castro e Maria de Fátima Rodrigues Machado. Posso afirmar que não teria conseguido chegar até aqui sem contar com todas as contribuições, apoios, incentivos e o carinho que recebi de todas e todos.

Meus agradecimentos pelo apoio e a cobertura em orações dos Pastores Weber Sérgio e dos integrantes da Igreja Presbiteriana de Brasília (IPBsb) da qual sou membra. Aos Pastores Luiz Almeida, Rejane Silva Brito, Devani Miranda, Luciene Almeida e Denise Miranda. Orações, incentivo e apoio do Grupo de Oração do Gabinete GMDMA: Ana Cecília Brito Totoli, Rejane Silva Brito, Sandra Marise Excsel, Gislane Oliveira Pinheiro e Eliane Direito Passos Otto.

Minha eterna gratidão aos meus professores e professoras, desde que aprendi as primeiras letras na escola, entre eles, Zilda Santiago; Josefina Badan; Avenir José Martins; José Pinto e Iraídes Alves de Faria, em memória. Ao Centro Universitário de Goiás (UNIGOIÁS), integrantes da direção, professores e professoras, minha instituição de origem, onde cursei bacharelado em Direito, possibilitando-me o exercício da advocacia e da magistratura até chegar à pós-graduação. À Faculdade de Direito da Universidade Federal de Goiás (UFG), onde cursei Pós-Graduação em Direito e Processo do Trabalho, e à Pontifícia Universidade Católica de Goiás (PUC/GO), onde tive a oportunidade de me tornar especialista em docência universitária.

Não é possível encerrar os agradecimentos sem mencionar uma pessoa que teve um papel muito importante para que o mestrado pudesse se tornar realidade. Conhecer e trabalhar com a Revisora e Professora Patrícia Finelli foi uma satisfação enorme, um alento, uma fonte de energia para prosseguir. Competente profissional, afinadíssima com as ferramentas tecnológicas, paciente, ágil, dedicada. Além das aulas didáticas de revisão, o prazer da conversa se estendia para o prazer de ser mãe e avó, meu e da Professora Patrícia. No final da aula, o tema preferido era sobre os nossos netos, os meus seis netos e as netas Cecília Finelli Valente e Lara Finelli Valente, sua neta que chegou chegando, bem no finalzinho do nosso trabalho, mas ainda com tempo de comemorações e boas-vindas. Obrigada, Professora Patrícia Finelli.

Agradeço aos amigos especiais, que foram muito importantes na minha vida, tanto pessoal quanto profissional, sempre me incentivando e ajudando em momentos de desafios, mas que não puderam agora compartilhar comigo a alegria da realização desse grande sonho. São amigos queridos que passaram para outra dimensão da vida durante o período de realização dos meus estudos acadêmicos. A cada um deles, meus agradecimentos pela amizade e por tudo que fizeram por mim, são eles: Walmir Oliveira Costa, João Faustino dos Santos, Daylton Anchieta Silveira, Pedro Paulo Teixeira Manus, Haroldo Lima, João Bosco Arantes, Jorge Branco de Gouveia, Ronaldo Lopes Leal e José Luciano de Castilho Pereira.

Agradeço de modo especial às inúmeras mulheres que em todo o tempo contribuíram com suas histórias inspiradoras e motivam a todas as mulheres no Brasil e no mundo a continuar na luta por um mundo melhor e mais igualitário no qual os preceitos constitucionais e as normas internas e internacionais de inteira igualdade possam ser cumpridos. Entre elas, nominarei: Dilma Vana Rousseff, Rosa Weber, Kátia Magalhães Arruda, Maria de Assis Calsing, Angela Merkel, Rosa Luxemburgo, Cora Coralina, Carol Proner, Sayonara Grillo Coutinho, Gláucia Young, Lúcia, Sofia, Suely Porto dos Reis, Ludovania Maria Alves, Adélia Fidelis, Dinair Alves, Maria Diogo Alves, Maria de Lourdes Silva Arantes, Jandira Feghali, Vanessa Grazziotin.

Em continuidade à nominata de mulheres inspiradoras: Lucília de Almeida Neves Delgado, Maria Elizabeth Rocha, Ana Maria Morais, Eliane Oliveira de Platon, Mércia Aryce Costa, Divina Moreira, Eleuza Araujo, Alcione Helena, Adelia Garcia, Maria José Bezerra, Leizer Pereira Silva, Adriana Campos Freire Pimenta, Josefina Badan, Zilda Santiago, dentre outras.

Finalizo com renovados agradecimentos à minha dedicada e eficiente orientadora no Mestrado, Professora Gabriela Neves Delgado, que também é Coordenadora do Grupo de Pesquisa "Trabalho, Constituição e Cidadania" (UnB/CNPq), o qual tenho a honra de integrar. Obrigada pelas sábias lições, pela paciência, pela presteza e por toda a dedicação para que meus estudos, a pesquisa e esta obra pudessem se tornar realidade.

SUMÁRIO

Apresentação 19

Prefácio 23

Introdução 29

Capítulo 1 – Análise panorâmica dos Direitos Humanos Trabalhistas na perspectiva da Organização Internacional do Trabalho (OIT) 33

    1.1 Análise panorâmica dos direitos humanos 33

        1.1.1 Direitos Humanos: Origem e Abrangência 37

        1.1.2 Direitos Humanos e Direitos Fundamentais: Diferenciação e *Status* 40

        1.1.3 Eixos Jurídicos de Proteção aos Direitos Humanos 46

    1.2 Análise panorâmica dos direitos humanos trabalhistas 49

        1.2.1 Nota Introdutória 49

        1.2.2 A Dignidade da Pessoa Humana como Núcleo Paradigmático dos Direitos Humanos e dos Direitos Fundamentais Trabalhistas 50

        1.2.3 Os Contornos do Estado Constitucional Contemporâneo e a Proteção aos Direitos Humanos e Fundamentais Trabalhistas 55

    1.3 A OIT e seu contributo para a efetivação de um patamar civilizatório de direitos humanos trabalhistas 62

        1.3.1 Nota Introdutória 63

        1.3.2 A OIT e sua Contribuição para a Institucionalização e o Fortalecimento do Direito do Trabalho Brasileiro 70

Capítulo 2 – Trabalho Decente: uma análise na perspectiva dos direitos humanos trabalhistas 73

    2.1 Criação, conceito e evolução da Agenda do Trabalho Decente da Organização Internacional do Trabalho (OIT) 73

    2.2 Trabalho Decente como marco civilizatório 86

2.3 Agenda brasileira para o Trabalho Decente 98

2.4 O Trabalho Decente e os Objetivos de Desenvolvimento do Milênio (ODM) da Organização das Nações Unidas (ONU) 107

Capítulo 3 – O Trabalho Decente na Construção Jurisprudencial do Tribunal Superior do Trabalho (TST) 115

3.1 Tribunal Superior do Trabalho (TST): instância suprema da Justiça do Trabalho e órgão uniformizador da jurisprudência nacional 115

3.2 O papel do TST na interpretação e na aplicação do direito, em conformidade com o Estado Democrático de Direito e com o referencial de direitos humanos 119

3.3 Riscos e reflexos da Reforma Trabalhista para o Trabalho Decente 124

3.4 Controle de convencionalidade 127

3.5 Pesquisa jurisprudencial 141

   3.5.1 Metodologia de Pesquisa: Apresentação do Problema e das Hipóteses 141

   3.5.2 Da Pesquisa Quantitativa 143

   3.5.3 Da Pesquisa Qualitativa 171

Conclusão 181

Referências 185

LISTA DE ABREVIATURAS E SIGLAS

AIRR – Agravo de Instrumento em Recurso de Revista
ANTD – Agenda Nacional do Trabalho Decente
CRFB/88 – Constituição da República Federativa do Brasil de 1988
CIDH – Corte Interamericana de Direitos Humanos
CIT– Conferência Internacional do Trabalho
CNJ – Conselho Nacional de Justiça
CLT – Consolidação das Leis do Trabalho
CTRI – Comissão Tripartite de Relações Internacionais
DIESE – Departamento Intersindical de Estatística e Estudos Socioeconômicos
DIT – Direito Internacional do Trabalho
DUDH – Declaração Universal dos Direitos Humanos
ECT– Empresa Brasileira de Correios e Telégrafos
IBGE– Instituto Brasileiro de Geografia e Estatística
IPEA – Instituto de Pesquisa Econômica Aplicada
MPT – Ministério Público do Trabalho
MTE – Ministério do Trabalho e Emprego
NIT – Normas Internacionais do Trabalho
ODM – Objetivos de Desenvolvimento do Milênio
ODS – Objetivos de Desenvolvimento Sustentável
OIT – Organização Internacional do Trabalho
ONU – Organização das Nações Unidas
PIB – Produto Interno Bruto
PIDCP – Pacto Internacional dos Direitos Civis e Políticos
PIDESC – Pacto Internacional dos Direitos Econômicos, Sociais e Culturais
PNETD – Plano Nacional de Emprego e Trabalho Decente
PNTD – Plano Nacional do Trabalho Decente
RFB – República Federativa do Brasil
RO – Recurso Ordinário

RR – Recurso de Revista
SBDI-1 – Seção de Dissídios Individuais I do TST
SBDI-II – Seção de Dissídios Individuais II do TST
TRT – Tribunal Regional do Trabalho
TST – Tribunal Superior do Trabalho
STF – Supremo Tribunal Federal
UE – União Europeia

LISTA DE ILUSTRAÇÕES

Quadro 1 – Processos analisados 146
Tabela 1 – Classe processual dos julgados analisados (número e porcentagem) 147
Tabela 2 – Autoria dos Recursos de Revista analisados (número e porcentagem) 150
Tabela 3 – Gênero do reclamante dos julgados analisados (número e porcentagem) 150
Tabela 4 – Ramo econômico da reclamada (número e porcentagem) 152
Tabela 5 – Porcentagem de julgados com decisão de mérito 154
Tabela 6 – Tema do recurso (quantidade e porcentagem) 155
Tabela 7 – Uso do argumento trabalho decente (quantidade e porcentagem) 156
Gráfico 1 – Porcentagem da classe processual dos julgados analisados 147
Gráfico 2 – Porcentagem do gênero do reclamante dos julgados analisados 151
Gráfico 3 – Porcentagem do ramo econômico da reclamada 152
Gráfico 4 – Porcentagem dos temas de recurso 155
Gráfico 5 – Porcentagem do argumento Trabalho Decente 156
Figura 1 – Palavras-chave dos julgados analisados 175

APRESENTAÇÃO

Existem pessoas que passam por nossas vidas deixando uma marca indelével de sua existência. Com *Delaíde Miranda Arantes* foi assim.

Como Professora da Universidade de Brasília (UnB), eu a recebi na condição de orientanda de mestrado, em seguida à sua aprovação no disputadíssimo processo seletivo do Programa de Pós-Graduação em Direito, para a linha de pesquisa Internacionalização, Trabalho e Sustentabilidade, no ano de 2019.

Ao iniciar a orientação, deparei-me com uma mulher madura, cuja densidade de vida impressiona. Mãe de duas filhas, avó de seis netos e casada com o Dr. Aldo Arantes há anos, construiu e é o esteio de uma família amorosa, sólida e unida. Profissionalmente, foi advogada trabalhista militante por trinta anos até que, em março de 2011, tomou posse como Ministra do Tribunal Superior do Trabalho (TST), em vaga da Ordem dos Advogados do Brasil (OAB), decorrente do quinto constitucional.

Mesmo com a vida plena, Delaíde Arantes decidiu aprofundar seus estudos e sentar-se mais uma vez nos bancos acadêmicos. O projeto de mestrado seguramente apontava para um sentido de revitalização e expansão da caminhada, mas é rigoroso e traz consigo uma série de exigências. Ciente do desafio, sustentou sua escolha e, com a coragem que lhe é habitual, persistiu no percurso de pesquisa.

Num exercício de humildade diário para enfrentar os desafios próprios à redação de uma pesquisa científica, foi aprimorando seu papel de pesquisadora, em meio à canalização respeitosa das orientações por mim apresentadas. Assim foi possível construir um espaço comprometido de estudo e reflexões críticas, mas também de união e amparo.

Após três anos, num trajeto de pesquisa abruptamente entrecortado pela pandemia da Covid-19, a dissertação de mestrado foi apresentada à Banca Examinadora integrada pelos ilustres Professores Doutores José Geraldo de Souza Júnior (UnB), Kátia Magalhães Arruda (UDF) e Antônio Escrivão Filho (UnB), tendo sido aprovada, por unanimidade, após defesa meritória.

Além da satisfação com o resultado de pesquisa alcançado, agradeço pelo privilégio de construir amizade valorosa com Delaíde Arantes, daquelas que desejamos partilhar por toda a vida.

Este livro, ora ofertado à comunidade jurídica, reproduz a pesquisa de mestrado desenvolvida pela autora. Intitulado *Trabalho Decente: uma análise na perspectiva dos direitos humanos trabalhistas a partir do padrão decisório do Tribunal Superior do Trabalho*, apresenta texto sólido e da maior importância nos campos do Direito Internacional do Trabalho e do Direito Constitucional do Trabalho.

O trabalho decente é a categoria central de análise da obra, e se justifica por sua importância e significado na busca por um padrão civilizatório de direitos humanos trabalhistas. Este conceito perpassa, direta e indiretamente, toda a análise empreendida.

Assim, no primeiro capítulo, a autora apresenta estudo panorâmico dos direitos humanos trabalhistas, com perspectiva e ênfase na missão de justiça social da Organização Internacional do Trabalho (OIT) para, em seguida, já no segundo capítulo, sistematizar os principais aspectos do referencial paradigmático do Trabalho Decente. Neste ponto, indica o Trabalho Decente como marco civilizatório decisivo para o encaminhamento das ações dos Estados signatários da OIT, com destaque para a Agenda Brasileira do Trabalho Decente. Finalmente, no terceiro capítulo, apresenta pesquisa jurisprudencial, quantitativa e qualitativa, sobre a existência (ou não) de um padrão decisório no TST quanto à concretização do Trabalho Decente no Brasil.

Com base na amostra jurisprudencial alcançada a partir de criteriosa metodologia de pesquisa, a autora pontua sobre a importância de se buscar alternativas diversificadas para a concretização do sistema de justiça à luz do valor da justiça social. Também reforça a necessidade de aperfeiçoamento e avanço da jurisprudência trabalhista no tocante à aplicação das normas internacionais do trabalho, sobretudo quanto ao conceito de Trabalho Decente e às diretrizes da Agenda do Trabalho Decente brasileira, que tendem a aparecer apenas como argumento de reforço no padrão decisório do TST.

Em acréscimo, ressalta a importância de o Poder Judiciário incorporar o controle de convencionalidade para assegurar a compatibilização das normas nacionais à luz das normas internacionais, "observada a mais benéfica à promoção dos direitos humanos". Finalmente destaca a Recomendação 123 do Conselho Nacional de Justiça (CNJ), que direciona o Poder Judiciário à observância e incorporação dos Tratados e Convenções Internacionais de Direitos Humanos e da jurisprudência da Corte Interamericana de Direitos Humanos (CIDH) nas decisões judiciais.

Ao encerrar a leitura, fica a certeza de que se tem em mãos livro escrito por autora de grande sensibilidade social, que de fato disputa o que pode vir a ser o melhor do Direito do Trabalho desde uma perspectiva humana e progressista.

Brasília, novembro de 2022.

Gabriela Neves Delgado

Professora Associada da Universidade de Brasília (UnB) e Advogada

PREFÁCIO

O conceito de Trabalho Decente encerra a perspectiva mais apropriada de proteção do trabalhador na pós-modernidade, por atingir o epicentro do mosaico normativo – nacional e internacional – de proteção de homens e mulheres que aspiram melhores condições de trabalho em todo o mundo.

O tema está pautado pela Organização Internacional do Trabalho (OIT) e contemplado em uma ampla agenda internacional destinada a combater todas as formas de exploração do trabalho humano, servindo aos Estados-partes de guia axiológico e hermenêutico para a implementação de medidas internas de aperfeiçoamento dos sistemas nacionais de proteção.

A maneira pela qual os Estados estão a implementar tais perspectivas é matéria sensível que está a merecer a devida análise em cada um desses contextos. Sobretudo no Brasil, a questão há de ser analisada a partir dos padrões decisórios da Justiça do Trabalho, em especial do Tribunal Superior do Trabalho.

O desafio de investigar este assunto foi cumprido com maestria pela Ministra Delaíde Alves Miranda Arantes, que defendeu excelente Dissertação de Mestrado na Faculdade de Direito da UnB, com análise da perspectiva dos direitos humanos trabalhistas a partir do padrão decisório do TST, o que deu enfim a esta obra.

O seu texto revela perfeita organização de ideias, com análise inicial dos direitos humanos trabalhistas no âmbito da OIT, desde a sua origem histórica até os dias atuais, evoluindo, depois, para a análise do Trabalho Decente como marco civilizatório, à luz do direito brasileiro e das normas internacionais, culminando, por fim, com a análise do Trabalho Decente na construção jurisprudencial do TST.

Neste ponto, a Ministra Delaíde Alves Miranda Arantes demonstra toda a sua preocupação com os temas internacionais afetos ao Trabalho Decente e a aplicação das normas internacionais de proteção dos direitos humanos no direito brasileiro, em especial à luz da teoria do controle de convencionalidade das leis. Essa visão revela uma veia especial da autora para os temas afetos ao direito internacional e aos direitos humanos que se fazem sentir na leitura de todo o texto, em todos os seus capítulos e subdivisões.

Assim, as suas posições revelam um domínio sério e engajado da proteção dos direitos humanos e contribuem sobremaneira para que a Justiça do Trabalho se aperfeiçoe cada vez mais na proteção dos trabalhadores, sobretudo à luz dos paradigmas internacionais de proteção. Também, esta investigação demonstra as preocupações da autora com a devida compreensão do papel dos juízes na implementação dos padrões internacionais de direitos humanos estabelecidos no âmbito das Nações Unidas e da OIT, revelando o seu viés humanista mais profundo.

O ponto alto da investigação é o relativo à análise do Trabalho Decente na jurisprudência consolidada do TST, em que se busca aferir se tal jurisprudência contempla as normas internacionais de direitos humanos trabalhistas, em especial a Agenda do Trabalho Decente de 1999, da OIT. Neste ponto, a autora realiza uma pesquisa quantitativa e qualitativa das decisões do TST que não havia sido feita no Brasil até então, demonstrando ímpar originalidade e perfeito manejo de todos os dados colhidos da jurisprudência do Tribunal Superior do Trabalho.

Sua conclusão é a de que a menção às normas internacionais ou a documentos ou Convenções da OIT é feita unicamente no plano secundário por aquele tribunal superior, sem transcrevê-las e sem provocar reflexão sobre seu acolhimento ou não para o resultado da lide, é dizer, sem integrar os argumentos centrais decisórios do TST.

Por ser a primeira pesquisa realizada no Brasil destinada a investigar os padrões decisórios do TST sobre a Agenda Internacional do Trabalho Decente, deve ser lida e compreendida por todos os estudiosos do Direito do Trabalho e pela academia em geral. Efetivamente, fazia falta à academia brasileira – especialmente a de Direito do Trabalho – uma pesquisa com tais características, capaz de mostrar o real estado da arte da aplicação das normas internacionais de proteção dos direitos humanos trabalhistas em nosso País.

Tenho absoluta certeza de que este livro lançará todas as luzes necessárias à futura (e melhor) concretização da Agenda do Trabalho Decente no âmbito da Justiça do Trabalho brasileira, tanto por sua inovação quanto por seu ineditismo e seriedade, características, aliás, presentes na personalidade e na atuação profissional de sua autora.

De minha parte, só posso augurar à Ministra Delaíde Alves Miranda Arantes os mais retumbantes sucessos com esta publicação, que dignifica a academia trabalhista brasileira pelo seu alto rigor científico e metodológico e pela defesa dos melhores padrões de direitos humanos trabalhistas reconhecidos no plano do direito internacional dos direitos humanos.

Cuiabá, novembro de 2022.

Valerio de Oliveira Mazzuoli
Professor Associado da Universidade Federal de Mato Grosso (UFMT)

*"Eu sou aquela mulher
a quem o tempo muito ensinou.
Ensinou a amar a vida.
Não desistir da luta.
Recomeçar na derrota.
Renunciar a palavras e pensamentos negativos.
Acreditar nos valores humanos.
Ser otimista.
Creio numa força imanente
que vai ligando a família humana
numa corrente luminosa
de fraternidade universal.
Creio na solidariedade humana.
Creio na superação dos erros
e angústias do presente.
Acredito nos moços.
Exalto sua confiança,
generosidade e idealismo.
Creio nos milagres da ciência
e na descoberta de uma profilaxia
futura dos erros e violências
do presente.
Aprendi que mais vale lutar
do que recolher dinheiro fácil.
Antes acreditar do que duvidar".*

(CORA CORALINA, 1997)

INTRODUÇÃO

A dignidade da pessoa humana, assegurada na Constituição da República Federativa do Brasil de 1988 (CRFB/88), e o Trabalho Decente, concebido pela Organização Internacional do Trabalho (OIT), trouxeram para a ordem do dia a importância dos direitos humanos trabalhistas. Tal relevância mostra-se ainda maior devido à ascensão do neoliberalismo, às imposições do mercado e da globalização sem limites, bem como ao aumento das desigualdades provocadas pelas novas tecnologias e pelo agravamento de sucessivas crises política, social, econômica, trabalhista, sanitária.

O cenário global do mundo do trabalho já é assustador, como vem alertando a OIT em seus relatórios e em pronunciamentos de seus dirigentes. Para além dos motivos já listados, há ainda o agravamento da precarização das condições de trabalho gerada pela Lei n. 13.467/17 e por outras leis promulgadas nos últimos anos no Brasil, com a ampliação de postos de trabalho desprotegidos e consequências nefastas para os trabalhadores e seus direitos humanos e fundamentais trabalhistas.

Nesse cenário, e ante a preocupação com um sistema de justiça trabalhista que possa contribuir para o cumprimento do objetivo do surgimento da OIT, a justiça social, emerge o interesse pela pesquisa do tema da dissertação, ora transformada em livro, que é: "Trabalho Decente: uma análise na perspectiva dos direitos humanos trabalhistas a partir do padrão decisório do Tribunal Superior do Trabalho".

A pesquisa realizada abrange a consulta e o estudo referencial teórico doutrinário, assim como a realização de pesquisa científica, a fim de aferir, na jurisprudência do Tribunal Superior do Trabalho (TST), órgão de cúpula do Judiciário Trabalhista brasileiro, se ela contempla as normas internacionais de direitos humanos trabalhistas, em especial os princípios e as diretrizes da Agenda do Trabalho Decente da OIT, de 1999.

Entre os métodos de pesquisas possíveis, foi adotado o método dedutivo, que deu origem a esta obra e que se utiliza de um encadeamento de raciocínio, partindo da análise geral para a particular até chegar à conclusão, utilizando-se do silogismo. A técnica de pesquisa empregada será primordialmente a análise documental de acórdãos dos Colegiados do TST, já publicados na imprensa oficial, constituindo, assim, a pesquisa bibliográfica, classificada nas modalidades quantitativa e qualitativa.

No primeiro capítulo, resta realizada uma análise panorâmica dos direitos humanos trabalhistas na perspectiva da OIT, sendo estudadas a origem e a abrangência dos direitos humanos e dos direitos fundamentais. Segue-se a análise dos direitos humanos trabalhistas, em especial sob a ótica da dignidade da pessoa humana como núcleo paradigmático dos direitos humanos e dos direitos fundamentais trabalhistas. Foram analisados também o papel e a contribuição da OIT para a efetivação de um patamar civilizatório de direitos humanos trabalhistas.

O rico e amplo referencial bibliográfico disponível sobre os temas abordados neste livro possibilitou a contextualização social, jurídica, política e econômica, desde a criação da OIT no remoto ano de 1919, seguida da *Declaração de Filadélfia*, em 1944, e da *Declaração Universal dos Direitos Humanos*, em 1948. Completam o quadro histórico dos temas aqui abordados a *Carta Internacional de Direitos Humanos Trabalhistas*, constituída pela *Declaração Universal dos Direitos Humanos* (DUDH), de 1948, e pelo *Pacto Internacional dos Direitos Civis e Políticos* (PIDCP) e o *Pacto Internacional dos Direitos Econômicos, Sociais e Culturais* (PIDESC), ambos de 1966, bem como a Constituição Federal Cidadã de 1988, (CRFB/88), marco da constitucionalização dos direitos sociais e trabalhistas no Brasil.

Os direitos humanos, entre eles os trabalhistas, percorreram esse caminho até encontrar sérios obstáculos: o projeto neoliberal e a globalização "sem peias", com as tentativas desesperadas de determinados segmentos da sociedade em percorrer às pressas o caminho de volta, com o estabelecimento do Estado Mínimo e a redução de garantias constitucionais e universais da pessoa humana trabalhadora.

Após a análise dos direitos humanos trabalhistas na visão da OIT, a pesquisa passa ao tema do Trabalho Decente no capítulo segundo, em que se aborda a criação, o conceito e a evolução da Agenda do Trabalho Decente, da Organização Internacional do Trabalho.

No plano internacional, as Convenções, Declarações e demais documentos da OIT se apresentam na pesquisa com importante papel na análise do Trabalho Decente como marco civilizatório; e, no plano interno, a Agenda Brasileira do Trabalho Decente colabora no estudo da temática. Os *Objetivos de Desenvolvimento do Milênio* (ODM), da Organização das Nações Unidas (ONU), composto por 17 *Objetivos de Desenvolvimento Sustentável* (ODS) também são investigados, mais especificamente o ODS n. 8, que se relaciona ao Trabalho Decente e ao crescimento econômico.

A Agenda do Trabalho Decente é um programa que visa ao reconhecimento do Trabalho Decente como um objetivo global, subdividido em ações tendentes a propiciar a todos os homens e mulheres do mundo o direito a um trabalho em condições de liberdade, igualdade, segurança e dignidade. Nesse contexto, foi analisada a atuação da OIT, que redirecionou sua produção normativa passando a dar mais ênfase à cooperação internacional em torno do Trabalho Decente. Também foi analisado o *Relatório Trabalhar para um Futuro Melhor*, elaborado pela Comissão Mundial sobre o Futuro do Trabalho, designada pela OIT, que posiciona o Trabalho Decente como marco civilizatório e passa a nortear a ação de todos os países-membros da OIT.

No terceiro capítulo, será investigado o papel do Tribunal Superior do Trabalho na interpretação e na aplicação do Direito, em conformidade com o Estado Democrático de Direito e com o referencial de direitos humanos trabalhistas. Para tanto, foi analisado o controle de convencionalidade das normas internas, a aplicação das normas internacionais de direitos humanos e trabalhistas e o Trabalho Decente na jurisprudência do TST.

Note-se que a apreciação da convencionalidade das normas internas tem adquirido maior importância frente ao avanço do neoliberalismo, ao crescimento das novas tecnologias e ao aprofundamento da desigualdade. Não obstante, observa-se que o TST tem utilizado raramente o importante instrumento de controle de convencionalidade.

De forma a dar maior concretude à investigação exposta neste livro, também foi apresentado o problema de pesquisa: "a jurisprudência do Tribunal Superior do Trabalho contempla as normas internacionais de direitos humanos trabalhistas, em especial a Agenda do Trabalho Decente (1999) da OIT, como fundamento para a concretização do Trabalho Decente no Brasil?". Foi adotado o procedimento de pesquisa documental, tendo sido analisados os textos dos acórdãos do TST tratando sobre o tema do Trabalho Decente. Foi utilizado, ainda, complementarmente, como método científico, o método hipotético-dedutivo.

O propósito foi identificar na jurisprudência do Tribunal Superior do Trabalho, em votos pesquisados para esse fim, a existência do argumento Trabalho Decente nas ementas e na íntegra dos votos, de maneira a possibilitar o reconhecimento da influência do conceito cunhado pela OIT na Agenda do Trabalho Decente, para a construção da jurisprudência da mais alta Corte Trabalhista do País, o TST.

A partir desses dados, foi apresentado o projeto de pesquisa quantitativa e qualitativa, considerando o universo de acórdãos identificados com menção ao termo "Trabalho Decente", na ementa do voto ou na sua fundamentação, em especial os que contêm o referido termo em suas ementas. Os votos pesquisados encontram-se registrados em quadros, tabelas e gráficos.

Finalmente, considerando os fundamentos teóricos estudados e os dados coletados durante a pesquisa, tanto na modalidade quantitativa quanto na qualitativa, apresentam-se as conclusões da análise na perspectiva dos direitos humanos trabalhistas, a partir do padrão decisório do Tribunal Superior do Trabalho para a concretização do Trabalho Decente no Brasil.

CAPÍTULO 1

ANÁLISE PANORÂMICA DOS DIREITOS HUMANOS TRABALHISTAS NA PERSPECTIVA DA ORGANIZAÇÃO INTERNACIONAL DO TRABALHO (OIT)

> "Direitos humanos são, assim, sempre apostas utópicas na perspectiva de transformar as institucionalidades, resgatando a sua razão de ser que é estar a serviço da vida. Qualquer ordem ou norma que, aplicada concretamente, fere a vida, é uma contradição performativa. E isso ocorre com muito maior intensidade quando as normas são consideradas de forma rigorista e autorreferente, a despeito dos contextos reais da vida [...]"[1].

A dignidade da pessoa humana, assegurada na Constituição da República Federativa do Brasil de 1988 (CRFB/88), e o Trabalho Decente, concebido pela Organização Internacional do Trabalho (OIT), trouxeram para a ordem do dia a importância dos direitos humanos trabalhistas. Especialmente num contexto de ascensão do neoliberalismo, de expansão do mercado e da globalização sem limites, de aumento das desigualdades provocadas pelas novas tecnologias, com a ampliação de postos de trabalho desprotegidos e consequências nefastas para os trabalhadores, os direitos humanos trabalhistas precisam ser permanentemente reivindicados e disputados.

1.1 Análise panorâmica dos direitos humanos

Os direitos humanos trabalhistas são direitos que se referem a todas as pessoas humanas trabalhadoras, independente do trabalho

---

[1] WANDELLI, Leonardo Vieira. *O Direito Humano e Fundamental ao Trabalho*: fundamentação e exigibilidade. São Paulo: LTr, 2012. p. 352.

que exerçam, de sua forma ou modo, pois em razão das garantias da dignidade humana e da centralidade do trabalho, assentadas na Constituição Federal e em normas internacionais, todos têm as mesmas garantias e direitos. Contudo, essas são normas formais de difícil efetivação. A instrumentalização desses direitos com vistas à efetividade por meio de decisões judiciais é o objetivo desta pesquisa. que resultou neste livro.

Vários pesquisadores compreendem não ser tarefa fácil delimitar o conceito de direitos humanos. Gabriela Neves Delgado assevera que a formulação teórica dos direitos humanos exige do intérprete a estruturação de seus aspectos e prismas principais, "a partir de perspectivas diferenciadas de ordem filosófica, internacional e constitucional"[2]. A autora discorre sobre as dificuldades dessa formulação teórica e sobre como essas perspectivas precisam ser estruturadas tendo por base um centro comum, qual seja, a concepção de dignidade da pessoa humana, "valor fonte na contemporaneidade do Direito"[3].

José Geraldo de Sousa Júnior e Antônio Escrivão Filho acentuam que a internacionalização dos direitos humanos é compreendida a partir de um processo histórico apontado para a instituição normativa, no plano internacional, que inclui previsão e proteção de direitos "exigíveis e justificáveis através da mediação de instituições internacionais de monitoramento e fiscalização, condicionados pela adesão dos Estados aos respectivos tratados internacionais de direitos humanos"[4]. Ensinamentos com os quais estou de acordo.

A partir de uma perspectiva histórica, identifica-se o surgimento dos direitos humanos com a criação da Organização das Nações Unidas (ONU), em 1945, e a promulgação da *Declaração Universal dos Direitos Humanos* (DUDH), em 1948, consideradas referências de afirmação do Direito Internacional dos Direitos Humanos como resposta ao

---

(2) DELGADO, Gabriela Neves. Direitos Humanos dos Trabalhadores: perspectiva de análise a partir dos Princípios Internacionais do Direito do Trabalho e do Direito Previdenciário. *Revista do Tribunal Superior do Trabalho*, Brasília, Lex Editora, vol. 77, n. 3, p. 59-76, jul./set. 2011. p. 61.
(3) *Ibid.*, p. 63.
(4) ESCRIVÃO FILHO, Antonio; SOUSA JÚNIOR, José Geraldo de. *Para um debate teórico-conceitual e político sobre os direitos humanos*. Belo Horizonte: D´Plácido, 2021. p. 54.

totalitarismo que chegou às últimas consequências nas Primeira e Segunda Guerras Mundiais. Nesse cenário, o Direito Internacional dos Direitos Humanos passou a ser visto como esperança de referencial ético e paradigma político para o estabelecimento de uma ordem internacional voltada à proteção do ser humano em sua integralidade[5].

Na mesma linha, estou de acordo com Valério de Oliveira Mazzuoli[6], para quem a referência aos direitos humanos indica um conjunto de garantias asseguradas por normas internacionais, por meio de declarações ou tratados firmados entre Estados, com a finalidade de proteger os direitos das pessoas, tanto civis quanto políticos, econômicos, sociais, culturais, entre outros. Assim, o pesquisador conceitua os direitos humanos como núcleo da proteção oriunda da ordem internacional, ou seja, direitos protegidos no âmbito do Direito Internacional "[...] contra as violações e arbitrariedades que um Estado possa cometer [...] indispensáveis a uma vida digna [...] que todos os Estados devem respeitar, sob pena de responsabilidade internacional"[7].

O autor também observa que, na linguagem comum, é praxe referir-se aos direitos humanos quando se trata da proteção que emana da ordem jurídica interna, principalmente da CRFB/88, mas tecnicamente não é correta a afirmativa, pois a expressão "direitos humanos" deve ser empregada quando se está diante da proteção internacional, e a expressão "direitos fundamentais", para a ordem interna[8].

A lição ensinada pelo autor é que o tema dos direitos humanos "compõe um dos capítulos mais significativos do Direito Internacional Público, sendo, por isso, objeto próprio de sua regulamentação". Além disso, suas normas podem originar-se do sistema global (ONU) ou de sistemas regionais de proteção, como o europeu, o interamericano e o africano[9].

---

(5) ESCRIVÃO FILHO, Antonio; SOUSA JÚNIOR, José Geraldo de. *Para um debate teórico-conceitual e político sobre os direitos humanos*. Belo Horizonte: D´Plácido, 2021. p. 55.

(6) MAZZUOLI, Valério de Oliveira. *Curso de Direitos Humanos*. 6. ed. rev., atual. e ampl. Rio de Janeiro: Forense, Método, 2019. p. 23-25.

(7) *Ibid.*, p. 25.

(8) *Ibid.*, p. 24.

(9) *Ibid., loc. cit.*

Os direitos humanos são inerentes à dignidade humana, constituindo-se num conjunto de direitos que integra a ordem jurídica internacional com aceitação universal, como pontua Izaura Fabíola Lins de Barros Lôbo Cavalcanti[10]. A correta formulação da autora sobre não existirem dúvidas de que "[...] os direitos humanos são inerentes à dignidade humana e que é a preservação dessa dignidade que contribui para a existência dos direitos humanos [...][11]".

A força da expressão direitos humanos como forma de se referir aos direitos fundamentais da pessoa humana é abordada por Dalmo de Abreu Dallari. Ele pondera que os direitos humanos são considerados fundamentais, principalmente em razão de a pessoa humana não ter condições de existir, de se desenvolver e de participar da vida em sua plenitude sem esses direitos. As condições mínimas necessárias devem ser asseguradas à pessoa humana desde o seu nascimento, incluindo, entre essas garantias, os benefícios da vida em sociedade[12].

Os mesmos ensinamentos são compartilhados por Mauricio Godinho Delgado e Gabriela Neves Delgado, os quais afirmam que "[...] o conceito de direitos humanos inicialmente se restringiu aos direitos eminentemente políticos" e civis, fase que perdurou até meados do século XX, quando surgiram importantes documentos internacionais abrangendo direitos econômicos, sociais e culturais da pessoa humana, com uma proposta evidente de proteção aos *direitos humanos trabalhistas*. A partir de então, todo o catálogo de direitos civis, políticos, econômicos, sociais, trabalhistas e culturais passou a integrar a *Carta Internacional de Direitos Humanos*, numa concepção ampla de direitos humanos[13].

---

(10) CAVALCANTI, Izaura Fabíola Lins de Barros Lôbo. A evolução dos Direitos Humanos e os Interesses Metaindividuais. *In*: COLNAGO, Lorena de Mello Rezende; ALVARENGA, Rúbia Zanotelli de (org.). *Direitos Humanos e Direito do Trabalho*. São Paulo: LTr, 2013. Cap. 20. p. 390-406.

(11) *Ibid.*, p. 404.

(12) DALLARI, Dalmo de Abreu. *Direitos humanos e cidadania*. 2. ed. São Paulo: Moderna, 2004. p. 17.

(13) DELGADO, Mauricio Godinho; DELGADO, Gabriela Neves. As Normas Internacionais de Direitos Humanos e a Lei da Reforma Trabalhista no Brasil. *In*: ROCHA, Cláudio Jannotti da *et al*. (org.). *Direito Internacional do Trabalho:* aplicabilidade e eficácia dos instrumentos internacionais de proteção ao trabalhador. São Paulo: LTr, 2018. p. 224.

1.1.1 Direitos Humanos: Origem e Abrangência

O estudo sobre o núcleo paradigmático dos direitos humanos trabalhistas passa pela análise da origem, importância, abrangência e pela luta pelos direitos humanos, os quais visam à proteção e preservação da pessoa humana. Os direitos humanos estão em constante evolução e desenvolvimento, em sintonia com o progresso da sociedade, permeando as mais diversas áreas da vida humana e contribuindo com o objetivo de construção de uma cidadania plena e de uma sociedade mais igualitária e justa. Eles abrangem todo o sistema protetivo direcionado a assegurar a dignidade e valorizar o ser humano: a igualdade, o respeito às diferenças, além da melhoria de condições de vida e de trabalho.

Ao tratar das teorias referentes à existência dos direitos humanos, Gabriela Neves Delgado discorre, primeiramente, sobre a compreensão jusnaturalista de que os homens eram dotados de direitos naturais, inatos e anteriores à formação da sociedade, direitos que lhes diziam respeito tão somente pelo fato de serem humanos. Num segundo momento, trata do contratualismo, formulado com a exigência de garantia e de reconhecimento de direitos da pessoa humana pelo Estado[14]. Discorre ainda sobre a historicidade dos direitos humanos, que são reconhecidos, declarados, efetivados e/ou disputados no curso histórico, em períodos permeados por fluxos e refluxos de proteção em seu campo de afirmação.

Os direitos humanos se apresentam em três momentos distintos em seu curso histórico, a saber: o da conscientização da existência de direitos, o de sua positivação no ordenamento constitucional e o de sua efetivação, quando passam a ser reconhecidos, concretizados e disputados no plano social[15].

Sabe-se que os direitos humanos foram, tradicionalmente, identificados e classificados em "gerações de direitos", a partir do momento histórico em que surgiram[16]. Isso significa que os direitos humanos, como direitos gerais da humanidade, de caráter universal, são direitos em contínua movimentação e mudança. Direitos históricos com

---

(14) DELGADO, Gabriela Neves. Direitos Humanos dos Trabalhadores: perspectiva de análise a partir dos Princípios Internacionais do Direito do Trabalho e do Direito Previdenciário. *Revista do Tribunal Superior do Trabalho*, Brasília, Lex Editora, vol. 77, n. 3, p. 59-76, jul./set. 2011. p. 61-62.

(15) *Ibid., loc. cit.*

(16) *Ibid.*, p. 62-64.

origem na luta do homem em busca de transformações das condições de vida, liberdade e dignidade.

A *primeira geração de direitos* concretizou-se no Estado Liberal de Direito, quando ocorreu o desenvolvimento dos "direitos de primeira geração ou direitos de liberdade (civis e políticos) que valorizam o homem enquanto indivíduo singular, livre e independente do Estado". Os direitos civis, conquistados no século XVII, serviram para fundamentar a concepção liberal clássica de direitos, e os direitos políticos, conquistados no século XIX, referem-se à liberdade de associação e de participação política, eleitoral ou sindical. A Constituição Francesa de 1791 e a Constituição Norte-Americana de 1787 são importantes marcos que exaltam os direitos fundamentais de primeira geração[17].

Os *direitos de segunda geração* ou *direitos de igualdade* (sociais, trabalhistas, previdenciários, culturais e econômicos), desenvolvidos a partir das manifestações operárias e sindicais no pós-Revolução Industrial, registram o marco das Constituições precursoras na afirmação do Estado Social e na constitucionalização dos direitos de segunda geração, quais sejam, a Constituição Mexicana de 1917 e a Constituição Alemã de 1919, a Constituição de Weimar[18].

No processo evolutivo dos direitos humanos, surgem os *direitos de terceira geração* ou *direitos de fraternidade e solidariedade,* caracterizados como direitos difusos e constituídos pelo humanismo e a universalidade, como "[...] os direitos à paz, ao meio ambiente, ao patrimônio comum da humanidade, à autodeterminação dos povos, entre outros"[19].

É de costume destacar que a expressão "geração de direitos" é criticada por "revelar a impressão de que no curso histórico uma geração de direitos é automaticamente substituída por outra, num processo de necessária alternância"[20]. Por essa razão, cresceu, na doutrina, o uso da expressão *dimensão de direitos*, mais consentânea com a evolução

---

(17) DELGADO, Gabriela Neves. Direitos Humanos dos Trabalhadores: perspectiva de análise a partir dos Princípios Internacionais do Direito do Trabalho e do Direito Previdenciário. *Revista do Tribunal Superior do Trabalho*, Brasília, Lex Editora, vol. 77, n. 3, p. 59-76, jul./set. 2011. p. 62.
(18) *Ibid.*, p. 63.
(19) *Ibid., loc. cit.*
(20) *Ibid., loc. cit.*

dos direitos humanos, considerando que as três dimensões têm caráter indivisível, interdependente e inter-relacionado[21].

A lição de Valério de Oliveira Mazzuoli nessa temática é que a triangulação dos direitos humanos em "gerações" é atribuída a Karel Vasak (1789), "inspirado no lema da Revolução Francesa: Liberdade, Igualdade, Fraternidade". Assim, "os direitos de liberdade seriam os da primeira geração; os da igualdade, os de segunda geração; e os direitos de fraternidade, os de terceira geração". Karel Vasak, porém, não chegou a fazer referência a outras gerações de direitos humanos, conhecidas na atualidade, como os direitos de solidariedade, considerados os de quarta e os direitos de esperança, de quinta geração[22].

No Brasil, a elevação dos direitos humanos ao centro dos debates doutrinários e jurisprudenciais somente começou a ocorrer no final dos anos de 1990. A jurisprudência do Supremo Tribunal Federal (STF) reconhece a classificação tradicional das "gerações de direitos" com marco na ementa do julgamento da Medida Cautelar na ADI 3540/DF, fundamentada no direito ao meio ambiente ecologicamente equilibrado como "um típico direito de terceira geração [...] que assiste a todo o gênero humano". O que torna possível afirmar que a Suprema Corte do Brasil vem admitindo a categorização dos direitos humanos em "gerações de direitos"[23].

Quando se trata da instituição e da concretização de direitos, a referência é Norberto Bobbio que destaca a existência de dois planos, o ideal e o real, ponderando que há uma grande diferença entre os direitos da pessoa humana e a garantia efetiva de sua proteção. Ele traz ainda à consideração o fato de que o aumento das pretensões dificulta a concretização desses mesmos direitos.

Ao analisar a evolução dos direitos humanos, o autor ainda sinaliza para a sua constante transformação, ponderando que o elenco das garantias destinadas à proteção da pessoa humana vem se alterando, haja vista as condições históricas e a depender dos "carecimentos e dos interesses das classes no poder, dos meios disponíveis para realização

---

(21) DELGADO, Gabriela Neves. Direitos Humanos dos Trabalhadores: perspectiva de análise a partir dos Princípios Internacionais do Direito do Trabalho e do Direito Previdenciário. *Revista do Tribunal Superior do Trabalho*, Brasília, Lex Editora, vol. 77, n. 3, p. 59-76, jul./set. 2011. p. 62.

(22) MAZZUOLI, Valério de Oliveira. *Curso de Direitos Humanos*. 6. ed. rev., atual. e ampl. Rio de Janeiro: Forense, Método, 2019. p. 51-52.

(23) *Ibid.*, p. 55-56.

dos mesmos, das transformações técnicas"[24], bem como de outras condições demonstradas no curso evolutivo dos direitos humanos.

Assim, conclui-se que direitos humanos são direitos históricos, originados das lutas do próprio homem, na busca incessante por emancipação e transformação das condições de vida[25]. São, portanto, direitos que precisam ser disputados permanentemente em prol do avanço civilizatório da humanidade.

1.1.2 Direitos Humanos e Direitos Fundamentais: Diferenciação e *Status*

Os direitos humanos e os direitos fundamentais são muitas vezes tratados como se não houvesse diferenciação possível entre eles. Os direitos humanos mais diretamente ligados à liberdade e à igualdade estão positivados no plano internacional, ao passo que os direitos fundamentais são os direitos humanos no plano nacional, ou seja, positivados no interior de cada Estado por meio da Constituição Federal, embora o conteúdo de ambos seja, em essência, o mesmo. A diferença substancial é o plano em que estão consagrados. Os *status* dão origem às espécies de direitos. Os mais frequentes são os direitos de liberdade, de defesa, sociais, culturais, políticos.

Os direitos humanos são universais e pertencentes a todos os seres humanos. Ao mesmo tempo são inalienáveis, atemporais, absolutos, irrenunciáveis, supranacionais e imutáveis. Não se sujeitam à prescrição e têm validade estendida para todos os povos, a qualquer tempo, validando a afirmação de Carlos Roberto Husek[26]. Os direitos humanos são, ao mesmo tempo, direitos fundamentais, com uma diferenciação de ordem objetiva, ou seja, os direitos fundamentais são os direitos humanos positivados internamente[27].

Vale destacar que a distinção entre direitos humanos e direitos fundamentais é explicada pelo autor considerando que os primeiros

---

(24) BOBBIO, Norberto. *A era dos direitos*. 2. ed. reform. Rio de Janeiro: Campus, Elsevier, 2004. p. 13.

(25) *Ibid.*, p. 20.

(26) HUSEK, Carlos Roberto. *Curso básico de direito internacional público e privado do trabalho*. 4. ed. São Paulo: LTr, 2017. p. 91-92.

(27) *Ibid.*, p. 91.

são mais amplos e contam com a garantia de instituições internacionais para o seu cumprimento pelos Estados. Já os direitos fundamentais exprimem a preocupação de determinado povo, a fim de assegurar o seu cumprimento pelos Estados[28].

Oportuna, nesses termos, se valer mais uma vez dos ensinamentos de Carlos Roberto Husek que reforça o caráter de direitos basilares do constitucionalismo atual, reafirmando que a Constituição moderna inclui em seu arcabouço os direitos humanos e os direitos fundamentais, imprescindíveis à preservação do "núcleo mínimo de vida" e de "sobrevivência digna" da pessoa humana[29].

A caracterização, o conceito, a natureza e a universalidade dos direitos fundamentais são matéria de análise de Paulo Bonavides. Ele questiona se podem ser usadas indiferentemente as expressões direitos humanos, direitos do homem e direitos fundamentais, criticando o uso indevido dessas denominações. Assevera que o objetivo dos direitos fundamentais é instituir e manter os pressupostos indispensáveis a uma vida humana de liberdade, de dignidade e normativamente conceituados como "aqueles direitos que o direito vigente qualifica como tais"[30].

O autor reafirma, de forma didática, que existem dois critérios formais para diferenciar direitos humanos e direitos fundamentais: os primeiros são todos os direitos ou garantias contidos no instrumento constitucional e os segundos os que recebem da Constituição "um grau mais elevado de garantia ou de segurança; ou são imutáveis [...] ou pelo menos de mudança dificultada [...] direitos somente alteráveis mediante emenda à Constituição"[31].

Vale destacar pela referência os ensinamentos de Rúbia Zanotelli de Alvarenga também discorre sobre a distinção entre direitos humanos e direitos fundamentais, ressaltando que os direitos humanos são incorporados pela Constituição de um país, adquirindo dessa forma *status* de direitos fundamentais em decorrência da livre escolha interna do Estado na constitucionalização daqueles direitos. Já os direitos

---

(28) HUSEK, Carlos Roberto. *Curso básico de direito internacional público e privado do trabalho*. 4. ed. São Paulo: LTr, 2017. p. 91-92.

(29) *Idem*.

(30) BONAVIDES, Paulo. *Curso de Direito Constitucional*. 32. ed. atual. São Paulo: Malheiros, 2017. p. 574-593.

(31) *Ibid.*, p. 574-575.

humanos são os previstos em Tratados Internacionais, constituindo um núcleo indispensável para propiciar uma existência humana digna, a exemplo dos direitos à saúde, à liberdade, à igualdade, à moradia, à educação, ao meio ambiente hígido, a proteção à intimidade[32].

Portanto, o que diferencia direitos humanos de direitos fundamentais não é o conceito, pois ambos têm igual essência e finalidade: *assegurar a dignidade da pessoa humana*. A diferença substancial é a localização da norma. O constituinte originário interno tem liberdade para escolher quais direitos humanos serão constitucionalizados pelo Estado. A partir do momento em que a Constituição de um Estado incorpora os direitos humanos, esses adquirem a condição de direitos fundamentais[33].

É relevante ainda a função de diferenciação pontuada de que os direitos humanos pertencem à categoria normativa destinada a assegurar a dignidade da pessoa humana na seara internacional, independentemente de vinculação a uma ou outra ordem jurídica interna. Os direitos fundamentais, por sua vez, integram a classe normativa dos direitos humanos acolhidos na ordem jurídica de um determinado Estado, conclui a autora[34].

Na Constituição da República Federativa do Brasil de 1988 (CRFB/88), tais direitos foram internalizados como direitos fundamentais destinados à proteção dos direitos individuais e coletivos. A previsão e a proteção aos direitos e garantias individuais se encontram no art. 5º e estabelecem, entre outros, os direitos à vida, à liberdade, à igualdade, à segurança e à propriedade. Nos arts. 6º a 11, a CRFB/88 dispõe sobre os direitos sociais e trabalhistas, como os direitos à educação, à saúde, ao trabalho, ao lazer, à segurança, à previdência social, à proteção, à maternidade, à infância, à assistência aos desamparados[35] dentre outros.

Nessa mesma linha, ensina Christiana D'Arc Damasceno Oliveira, os direitos fundamentais nas relações de trabalho, inseridos na Constituição, integram seu núcleo "inarredável". São as chamadas cláusulas pétreas, insuscetíveis de serem suprimidas indiscriminadamente, sendo protegidas pelo princípio da proibição do retrocesso social. A alteração

---

(32) ALVARENGA, Rúbia Zanotelli de. *Direitos Humanos*. São Paulo: LTr, 2016. p. 59-61.
(33) *Idem*.
(34) *Ibid*., p. 62.
(35) *Ibid*., p. 62-63.

indiscriminada dessas disposições importa desrespeito ao Estado Democrático de Direito, em especial ao Título II (arts. 7º a 11; 5º, IV, V, X, XII, XXIII, III, XIII; art. 170, III; art. 184; art. 186, II, III e IV; art. 200, VIII; e art. 225, *caput*)[36].

O catálogo dos direitos fundamentais é referido pela autora classificando-os em específicos e não específicos. Os específicos encontram-se elencados no Título II da CRFB/88. Os não específicos, embora dispersos no Texto Constitucional, são integrantes do catálogo dos direitos fundamentais, a exemplo do disposto no art. 200, inciso VIII, e no art. 225, *caput*. Os direitos fundamentais incluem, ainda, aqueles previstos em convenções e tratados internacionais sobre direitos humanos, ratificados pelo Brasil, na forma do art. 5º, § 3º, da CRFB/88 com *status* de emendas constitucionais[37].

No que diz respeito aos direitos fundamentais na esfera infraconstitucional, podem ser identificados pelo conteúdo, pela importância e pela direta "correlação" com a dignidade da pessoa humana, a exemplo do direito à identificação profissional inserida nos arts. 9, 10, 444, 448 e 468, da Consolidação das Leis do Trabalho (CLT)[38].

Vale ressaltar a lição de Valério de Oliveira Mazzuoli de que o ordenamento nacional "se relaciona de maneira diferenciada com os tratados internacionais de proteção dos direitos humanos, fugindo, em parte, à regra da sistemática de incorporação dos tratados tradicionais". A diferença é estabelecida na CRFB/88 e reside no fato de que, para a incorporação dos tratados de proteção dos direitos humanos, não há subordinação à existência de decreto presidencial[39]; a aplicação é imediata após a ratificação, conforme a regra do § 1º do art. 5º.

Os tratados internacionais diferenciam-se uns dos outros pelo grau de hierarquia atribuído pelo Texto Constitucional: enquanto os tratados tradicionais têm hierarquia infraconstitucional, mas supralegal,

---

(36) OLIVEIRA, Christiana D´Arc Damasceno. *(O) direito do trabalho contemporâneo*: efetividade dos direitos fundamentais e dignidade da pessoa humana no mundo do trabalho. São Paulo: LTr, 2010. p. 479-480.

(37) *Ibid.*, p. 481-482.

(38) *Ibid.*, p. 482.

(39) MAZZUOLI, Valério de Oliveira. *Curso de Direitos Humanos*. 6. ed. rev., atual. e ampl. Rio de Janeiro: Forense, Método, 2019. p. 253.

os tratados de proteção aos direitos humanos possuem hierarquia constitucional, em decorrência do que dispõe expressamente o § 2º do art. 5º da Constituição Federal de 1988 ("Os direitos e garantias expressos nesta Constituição não excluem outros decorrentes do regime e dos princípios por ela adotados, ou dos tratados internacionais em que a República Federativa do Brasil seja parte")[40]. Em assim procedendo, a Carta Maior, Valério de Oliveira Mazzuoli, demonstrou a prevalência e a relevância dos instrumentos internacionais destinados à proteção da pessoa humana sob a jurisdição do Estado, quando mais favoráveis[41].

Os tratados e as convenções internacionais integram o ordenamento jurídico brasileiro por meio da ratificação, adquirindo a partir desse momento a condição de norma infraconstitucional. O reforço é conferido pela Emenda Constitucional n. 45/04, que trata da integração dos tratados e convenções de direitos humanos ao ordenamento jurídico nacional pela ratificação, com o *status* de emenda constitucional, observada a aprovação com três quintos das casas congressuais, em dois turnos, na forma do § 3º do art. 5º da CRFB/88[42].

O Supremo Tribunal Federal (STF) alterou, em 2008, sua jurisprudência a respeito do tema "*status* normativo das regras internacionais ratificadas pelo Brasil", a fim de admitir que os tratados e as convenções internacionais sobre direitos humanos passassem a ostentar o patamar supralegal, ou seja, acima das leis ordinárias e complementares, adequando sua jurisprudência à Emenda Constitucional n. 45/04[43].

A posição hierárquica dos tratados internacionais no ordenamento jurídico brasileiro, bem como o *status* diferenciado dos tratados e normas internacionais sobre direitos humanos são assim analisados por Mauricio Godinho Delgado e Gabriela Neves Delgado:

> Tratados internacionais de direitos humanos aprovados com quórum especial das emendas constitucionais (3/5 de cada Casa

---

(40) MAZZUOLI, Valério de Oliveira. *Curso de Direitos Humanos*. 6. ed. rev., atual. e ampl. Rio de Janeiro: Forense, Método, 2019. p. 253.

(41) *Ibid.*, p. 254-255.

(42) DELGADO, Mauricio Godinho; DELGADO, Gabriela Neves. As Normas Internacionais de Direitos Humanos e a Lei da Reforma Trabalhista no Brasil. *In*: ROCHA, Cláudio Jannotti da *et al.* (org.). *Direito Internacional do Trabalho*: aplicabilidade e eficácia dos instrumentos internacionais de proteção ao trabalhador. São Paulo: LTr, 2018. p. 227-228.

(43) *Ibid.*, p. 228.

do Congresso Nacional, em dois turnos) terão *status* de emenda constitucional; tratados internacionais de direitos humanos aprovados sem o quórum especial das emendas constitucionais ostentarão o *status* de norma supralegal. Em contraponto a isso, os tratados internacionais que não versem sobre direitos humanos ingressam no ordenamento jurídico pátrio com status de Lei ordinária.[44]

Os tratados e as convenções internacionais versando sobre direitos individuais e direitos sociais trabalhistas têm, indiscutivelmente, natureza jurídica de direitos humanos. Na hipótese de conflito entre normas internacionais e normas internas, prevalece o princípio da norma mais favorável ao trabalhador, que servirá como guia para o intérprete, além dos princípios da progressividade dos direitos humanos e da vedação do retrocesso social.

A CRFB/88 incorporou os princípios da progressividade dos direitos humanos e o da vedação do retrocesso social no § 2º do art. 5º, assim redigido: "os direitos e garantias expressos nesta Constituição *não excluem outros decorrentes do regime e dos princípios por ela adotados, ou dos tratados internacionais em que a República Federativa do Brasil seja parte*"[45].

A inserção desses princípios no art. 7º da CRFB/88, ao explicitar o princípio da norma mais favorável, é ressaltada por Mauricio Godinho Delgado e Gabriela Neves Delgado. A disposição do enunciado do referido artigo, ao enumerar os direitos dos trabalhadores urbanos e rurais, é reforçada pela afirmação de que se aplicam também outros direitos que tiverem por objetivo a melhoria das condições sociais dos trabalhadores. As declarações de direitos humanos compreendem direitos humanos econômicos, sociais e culturais e, portanto, direitos humanos trabalhistas. Nesse rol, incluem-se a *Declaração Universal dos Direitos Humanos* (1948) e a *Declaração de Filadélfia* (1944)[46].

---

(44) DELGADO, Mauricio Godinho; DELGADO, Gabriela Neves. As Normas Internacionais de Direitos Humanos e a Lei da Reforma Trabalhista no Brasil. *In*: ROCHA, Cláudio Jannotti da *et al.* (org.). *Direito Internacional do Trabalho*: aplicabilidade e eficácia dos instrumentos internacionais de proteção ao trabalhador. São Paulo: LTr, 2018. p. 227-228. *loc. cit.*

(45) *Ibid.*, p. 228, grifo nosso.

(46) *Ibid.*, *loc. cit.*

Os direitos humanos e os direitos fundamentais guardam estreita correlação e igual importância no que se refere à essencialidade para a vida e para o ser humano. As duas expressões são por vezes tomadas como aplicáveis indistintamente. No entanto, aspectos filosóficos, conceituais e referentes à sua efetivação acabam por traçar algumas diferenças. A categoria normativa dos primeiros é destinada à garantia da dignidade humana, no âmbito internacional e de caráter universal. Os segundos ostentam a condição de direitos humanos, mas passam à classificação de direitos fundamentais quando adotados pelo ordenamento jurídico interno, o que ocorreu no Brasil com a promulgação da Constituição Federal de 1988.

1.1.3 Eixos Jurídicos de Proteção aos Direitos Humanos

A proteção internacional aos direitos humanos tem como instrumento decisivo a Declaração Universal dos Direitos Humanos (DUDH), de 1948, que, junto com o Pacto Internacional dos Direitos Civis e Políticos e o Pacto Internacional dos Direitos Econômicos, Sociais e Culturais, ambos de 1966, formam a Carta Internacional dos Direitos Humanos.

O sistema de proteção dos direitos humanos se dá nas esferas global, regional e nacional. O primeiro tem amplitude universal e diz respeito aos direitos estabelecidos na ordem internacional, a exemplo das convenções e dos tratados internacionais. A ONU, em seu documento de constituição, a *Carta da ONU*, no item 1 do art. 52, reconhece as organizações internacionais regionais.

São três *eixos jurídicos de proteção aos direitos humanos*, caracterizados por sua complementariedade e interdependência: o global, o regional e o nacional[47].

O primeiro eixo de proteção, de amplitude universal, refere-se aos direitos da ordem internacional que refletem um nível civilizatório mínimo de proteção, o chamado "mínimo ético irredutível"[48]. Esse eixo global de proteção, identificado na *Carta Internacional de Direitos Humanos*, é integrado

---

(47) DELGADO, Gabriela Neves. Direitos Humanos dos Trabalhadores: perspectiva de análise a partir dos Princípios Internacionais do Direito do Trabalho e do Direito Previdenciário. *Revista do Tribunal Superior do Trabalho*, Brasília, Lex Editora, vol. 77, n. 3, p. 59-73, jul./set. 2011. p. 64.
(48) *Ibid., loc. cit.*

por tratados, convenções, declarações, estatutos e pactos internacionais "direcionados ao pacto civilizatório de proteção ao ser humano"[49].

Os documentos da ordem internacional instituem e protegem os direitos humanos em nível global, com ênfase para a *Declaração Universal dos Direitos Humanos* (1948); a *Declaração Relativa aos Fins e Objetivos da Organização Internacional do Trabalho* (*Declaração de Filadélfia*, de 1944); o *Pacto Internacional dos Direitos Econômicos, Sociais e Culturais* (1966); as *Convenções Internacionais da OIT*; a *Declaração da OIT sobre Princípios e Direitos Fundamentais no Trabalho* (1998); as *convenções, pactos e declarações internacionais de proteção da pessoa humana*, entre outras[50].

O segundo do eixo jurídico de proteção dos direitos humanos é o regional. "[...] é composto pelos sistemas regionais de proteção aos Direitos Humanos, com destaque para os da Europa, América e África"[51].

Nesse estudo, na lição aqui adotada, de Valério de Oliveira Mazzuoli, analisa os sistemas regionais e os instrumentos de proteção regional que pertencem aos sistemas de proteção europeu, americano e africano. O sistema regional atualmente mais desenvolvido é o europeu, pois suas atividades se iniciaram antes dos sistemas interamericano e africano. O Brasil faz parte do interamericano, considerado de desenvolvimento intermediário. O mais incipiente é o africano, cuja Corte julgou poucos casos até hoje[52].

O terceiro eixo de proteção aos direitos humanos é o eixo jurídico de proteção nacional, cuja representação se dá pela inserção dos direitos humanos e fundamentais nas Constituições. São direitos regulamentados e reconhecidos em um ordenamento jurídico concreto, particularizado em cada nação[53].

---

(49) DELGADO, Mauricio Godinho; DELGADO, Gabriela Neves. As Normas Internacionais de Direitos Humanos e a Lei da Reforma Trabalhista no Brasil. *In*: ROCHA, Cláudio Jannotti da *et al.* (org.). *Direito Internacional do Trabalho*: Aplicabilidade e Eficácia dos Instrumentos Internacionais de Proteção ao Trabalhador. São Paulo: LTr, 2018. p. 225.

(50) *Ibid.*, p. 226.

(51) DELGADO, *op. cit.*, p. 65.

(52) MAZZUOLI, Valério de Oliveira. *Curso de Direitos Humanos*. 6. ed. rev., atual. e ampl. Rio de Janeiro: Forense, Método, 2019. p. 70-71.

(53) *Ibid.*, p. 65-66.

As declarações internacionais sobre direitos humanos, entre os quais os direitos trabalhistas, estabelecem internamente, no plano nacional, "um patamar civilizatório mínimo imperativo protegido pelos princípios da progressividade dos direitos humanos, da vedação do retrocesso social e da norma mais favorável à pessoa humana". A caminhada em sentido oposto aos dispositivos da Lei n. 13.467/17 quanto à desregulamentação dos direitos sociais e à flexibilização das relações de trabalho, em "processo de desarticulação do conjunto normativo de proteção aos direitos trabalhistas firmado na perspectiva do Sistema Internacional de Direitos Humanos"[54].

Sobre a Lei n. 13.467/17 e suas consequências nefastas às garantias e aos direitos trabalhistas, Mauricio Godinho Delgado e Gabriela Neves Delgado discorrem sobre o seu efeito de desnaturar o conceito de direito fundamental ao trabalho digno. Além de dificultar a inclusão social, a lei potencializa a mercantilização do trabalho em confronto com a *Declaração Universal dos Direitos Humanos* e com a *Declaração de Filadélfia*, que reafirmam que o trabalho não é mercadoria. Isso sem falar na afronta ao conceito de justiça social, meta da OIT alicerçada nos princípios da progressividade, da vedação ao retrocesso social e da proteção ao trabalhador[55].

Ainda sobre a proteção aos direitos humanos, cabe destacar a ponderada análise de Valério Oliveira Mazzuoli e Luiz Flávio Gomes de que, em matéria de direitos humanos, prevalece sempre a norma mais favorável à pessoa humana, em razão do princípio *pro homine,* princípio que vem sendo reconhecido por diversos tribunais internacionais de direitos humanos, como a Corte Europeia e a Corte Interamericana de Direitos Humanos. Essa inovação possibilitou uma nova forma de enxergar e de tratar as relações do Direito interno com os direitos humanos, inclusive os direitos humanos trabalhistas[56].

---

(54) DELGADO, Mauricio Godinho; DELGADO, Gabriela Neves. As Normas Internacionais de Direitos Humanos e a Lei da Reforma Trabalhista no Brasil. *In*: ROCHA, Cláudio Jannotti da *et al.* (org.). *Direito Internacional do Trabalho*: Aplicabilidade e Eficácia dos Instrumentos Internacionais de Proteção ao Trabalhador. São Paulo: LTr, 2018. p. 229.

(55) *Ibid., loc. cit.*

(56) MAZZUOLI, Valério de Oliveira; GOMES, Luiz Flávio Gomes. Características Gerais do Direito (Especialmente do Direito Internacional) na Pós-Modernidade. *Themis*, Lisboa, ano X, n. 18, p. 5-31, 2010. p. 21-22.

1.2 Análise panorâmica dos direitos humanos trabalhistas

A análise que será feita neste tópico refere-se à visão da dignidade da pessoa humana como núcleo paradigmático dos direitos humanos e fundamentais trabalhistas. Esta pesquisa adota a perspectiva de que a concretização do trabalho digno tem como premissa a concretização dos direitos fundamentais no plano interno, com a aplicação dos preceitos da Constituição Federal e das normas internacionais de proteção ao trabalho humano, inclusive a Agenda do Trabalho Decente, observando-se os contornos do Estado Constitucional contemporâneo sob a ótica da proteção aos direitos humanos e fundamentais trabalhistas.

1.2.1 Nota Introdutória

A *Carta Internacional de Direitos Humanos* tem por objetivo promover e estimular o respeito aos direitos humanos e às liberdades fundamentais para todos os seres humanos e em todos os níveis, seja no âmbito internacional ou nacional.

Especificamente sobre os documentos constitutivos da *Carta Internacional de Direitos Humanos Trabalhistas*, Mauricio Godinho Delgado e Gabriela Neves Delgado corroboram neste estudo apontando a importância da *Declaração Universal dos Direitos do Homem* (1948) como precursora da referida *Carta Internacional de Direitos Humanos Trabalhistas*, por seu papel político transformador voltado à positivação e universalização dos direitos humanos[57].

Há de ser reforçado ainda relevância da criação da Organização Internacional do Trabalho (OIT), fundada em 1919, pelo *Tratado de Versalhes*, com a finalidade de institucionalizar os documentos normativos da ordem internacional de direitos humanos trabalhistas. As centenas de convenções internacionais aprovadas e ratificadas no âmbito de diversos Estados-membros, no curso de cem anos, tendo como documentos precursores a *Declaração de Filadélfia* (1944) e o *Documento de Constituição da OIT* (1919-1946). E, ainda, a importância da *Declaração sobre os Princípios e Direitos Fundamentais no Trabalho* (1998) e da *Declaração do Centenário da OIT* (2019)[58].

---

(57) MAZZUOLI, Valério de Oliveira; GOMES, Luiz Flávio Gomes. Características Gerais do Direito (Especialmente do Direito Internacional) na Pós-Modernidade. *Themis*, Lisboa, ano X, n. 18, p. 5-31, 2010. p. 21-22.

(58) DELGADO, Mauricio Godinho; DELGADO, Gabriela Neves. As Normas Internacionais de Direitos Humanos e a Lei da Reforma Trabalhista no Brasil. *In*: ROCHA, Cláudio Jannotti da *et al*.

A Declaração sobre os Princípios e Direitos Fundamentais no Trabalho e seu Seguimento (1998) é parte integrante da Carta Internacional de Direitos Humanos Trabalhistas e inclui como fundamentais as convenções sobre negociação coletiva e liberdade de associação (87 e 98), eliminação do trabalho forçado (29 e 105), abolição do trabalho infantil (138 e 182) e eliminação da discriminação ao emprego e à ocupação (100 e 111)[59].

O *Pacto Internacional dos Direitos Econômicos, Sociais e Culturais* (PIDESC), adotado pela Assembleia Geral das Nações Unidas em 1966, em razão de sua sintonia com os princípios sociais consagrados nas Convenções e Recomendações da OIT e por sua afinidade com a "perspectiva humanista, progressista e civilizatória de proteção ao trabalho"[60] integra a *Carta Internacional dos Direitos Humanos Trabalhistas*.

No conjunto, os documentos constitutivos da *Carta Internacional de Direitos Humanos Trabalhistas* são fundamentais para o processo de regulação do Direito do Trabalho brasileiro conforme os referenciais de justiça social e de não mercantilização do trabalho humano. Estas premissas serão retomadas adiante, sobretudo na perspectiva da atuação da OIT em prol dos direitos humanos trabalhistas.

1.2.2 A Dignidade da Pessoa Humana como Núcleo Paradigmático dos Direitos Humanos e dos Direitos Fundamentais Trabalhistas

O núcleo paradigmático dos direitos humanos e fundamentais é a dignidade humana. Para Gabriela Neves Delgado, os diversos princípios de direitos humanos são postulados essenciais que informam o princípio da dignidade do ser humano como seu "valor-fonte". Nesse sentido, ensina a autora:

> A compreensão de que o ser humano é o centro convergente de Direitos Humanos é fundamento indispensável para a construção do arcabouço principiológico da Ciência do

---

(org.). *Direito Internacional do Trabalho:* Aplicabilidade e Eficácia dos Instrumentos Internacionais de Proteção ao Trabalhador. São Paulo: LTr, 2018. p. 226-227.

(59) *Ibid.*, p. 227.
(60) *Ibid.*, p. 227-228.

Direito, ainda mais quando se trata de direitos sociais, como é o caso do Direito do Trabalho [...].[61]

A dignidade da pessoa humana como o primeiro pilar ético dos direitos humanos é abordada por Gabriela Neves Delgado e Ana Carolina Paranhos de Campos Ribeiro em seu sentido de valor-fonte e parâmetro contemporâneo que permeia os mecanismos internacionais de proteção da pessoa humana. A positivação do cenário internacional passou a integrar a legislação interna na CRFB/88, na qual a dignidade da pessoa humana foi consagrada como fundamento do Estado Democrático de Direito[62].

Assim, o ser humano passou à condição de "centro convergente" dos direitos fundamentais, elevando a dignidade da pessoa humana ao patamar de "valor supremo, que atrai o conteúdo de todos os direitos fundamentais". O conjunto de proteções, prerrogativas e direitos do ordenamento jurídico decorrente da atuação estatal e em razão das lutas coletivas e dos movimentos sociais. Salientam ainda que a percepção de dignidade da pessoa humana está associada à noção de dignidade.

A visão do Direito do Trabalho como vertente dos direitos humanos, a sua dimensão ética requer a aglutinação de diversos conceitos, como o da dignidade, o da cidadania e o da justiça social, todos orientados pelo princípio da solidariedade social. *Assim, uma das funções precípuas do Direito do Trabalho é a normatização do trabalho digno visando a assegurar trabalhos em condições de dignidade*[63].

A dignidade da pessoa humana sob a perspectiva interna e externa, a consagração e a ampliação dos direitos sociotrabalhistas, sobretudo reforma com a promulgação da CRFB/88[64].

Arnaldo Süssekind faz afirmação essencial de que os direitos fundamentais da pessoa humana se constituem em princípios, inclusive

---

(61) DELGADO, Gabriela Neves. Direitos Humanos dos Trabalhadores: perspectiva de análise a partir dos Princípios Internacionais do Direito do Trabalho e do Direito Previdenciário. *Revista do Tribunal Superior do Trabalho*, Brasília, Lex Editora, vol. 77, n. 3, p. 59-73, jul./set. 2011. p. 67.

(62) DELGADO, Gabriela Neves; RIBEIRO, Ana Carolina Paranho de Campos. Os Direitos Sociotrabalhistas como dimensão dos Direitos Humanos. *Revista do Tribunal Superior do Trabalho*, Brasília, Lex Editora, vol. 79, n. 2, abr./jun. 2013. p. 199-219.

(63) *Ibid.*, p. 201-202.

(64) *Ibid.*, p. 216.

os direitos que constam em tratados internacionais não ratificados formalmente no âmbito interno do Estado, e que os direitos humanos devem inspirar tanto a elaboração das leis quanto a sua interpretação. O autor, em muitos aspectos, critica a "coisificação" do homem na contemporaneidade, em sentido totalmente contrário a todas as garantias do âmbito nacional e internacional no que se refere à dignidade da pessoa humana. Vale destacar a afirmação nos seguintes termos:

> A verdade é que a prevalência das leis do mercado "coisifica" o homem, porque tudo é considerado mercadoria. É mister a visão sociológica e jurídica dos legisladores e dos intérpretes do sistema de proteção ao ser humano, visando harmonizar o social com o econômico, sem menosprezar a força normativa da realidade contemporânea.[65]

Gabriela Neves Delgado, em obra que analisa o trabalho digno como direito fundamental da pessoa humana, enfatiza que a dignidade humana é valor maior que atrai o conteúdo dos demais direitos fundamentais da Constituição. Afirma, além do disposto no art. 1º, inciso I, várias outras dimensões da dignidade são tratadas no Texto Constitucional, a exemplo do art. 170, que determina a observância da existência digna pela ordem econômica brasileira. Há, ainda, o art. 193, que inclui o bem-estar e a justiça social como objetivos da ordem social[66].

A importância da Constituição Cidadã de 1988 precisa ser reconhecida por promover avanços e conquistas de direitos imprescindíveis à densificação da condição de dignidade. A pessoa humana é colocada no "centro convergente" dos direitos fundamentais e a dignidade é erigida à condição de princípio fundamental do ordenamento jurídico[67]. Assim explica a autora:

> É o valor da dignidade, portanto, essencial para o trabalho humano sob qualquer uma de suas formas e em qualquer

---

(65) SÜSSEKIND, Arnaldo. Os direitos humanos do trabalhador. *In*: DIREITO, Carlos Alberto Menezes; TRINDADE, Antonio Augusto Cançado; PEREIRA, Antonio Celso Alves (coord.). *Novas perspectivas do direito internacional contemporâneo*: estudo em homenagem a Celso. A. Mello. Rio de Janeiro: Renovar, 2008. p. 621-626.

(66) DELGADO, Gabriela Neves. *Direto Fundamental ao Trabalho Digno*. 2. ed. São Paulo: LTr, 2015. p. 73-74.

(67) *Ibid.*, p. 75.

processo histórico. Por meio de sua projeção é que o homem se redimensiona enquanto ser humano pleno, apesar de entregue à inexorabilidade do tempo da vida[68].

A proteção ao trabalho em condições dignas, em ambientes saudáveis, nos padrões de exigências da CRFB/88 e das normas internacionais, faz parte da análise de Kátia Magalhães Arruda, que ressalta, com razão, a relevância da vinculação do princípio da proteção ao princípio da dignidade humana. Este demarca o campo denominado "padrão mínimo na esfera dos direitos sociais" e a ausência de condições materiais à pessoa humana no trabalho redunda em prejuízo ao exercício da liberdade[69].

O contributo para a dignificação da pessoa humana é "importante forma de caracterizar um direito como fundamental". Sua projeção se dá na esfera da liberdade individual, do convívio social e em outros meios possíveis de busca da plenitude do desenvolvimento humano. Para a autora, trata-se de razões para que esses direitos sejam caracterizados como fundamentais[70].

O princípio jurídico fundamental da dignidade da pessoa humana é analisado também por Othon de Azevedo Lopes, para quem a Constituição brasileira seguiu a tradição inaugurada pela Lei Fundamental da República Federal da Alemanha, a partir do momento em que estabeleceu em seu art. 1º, inciso III, a dignidade da pessoa humana como um dos princípios fundamentais da República Federativa do Brasil[71].

Assim, a dignidade da pessoa humana é elevada à condição de princípio jurídico supremo, o qual está em permanente reconstrução e

---

(68) DELGADO, Gabriela Neves. *Direto Fundamental ao Trabalho Digno.* 2. ed. São Paulo: LTr, 2015. p. 211.

(69) ARRUDA, Kátia Magalhães. *Direito Constitucional do Trabalho*: sua eficácia e o impacto do modelo neoliberal. São Paulo: LTr, 1998. p. 42-44.

(70) *Ibid.*, p. 42-43.

(71) LOPES, Othon de Azevedo. A dignidade da pessoa humana como princípio jurídico fundamental. *In*: SILVA, Alexandre Vitorino da et al. *Estudos de Direito Público*: Direitos Fundamentais e Estado Democrático de Direito. Porto Alegre: Síntese, 2003. p. 193.

é definidor de um "núcleo absoluto e inviolável de direitos conferido ao homem".[72]

No entanto, em contraste com a relevância do tema e o destaque dado pela Constituição brasileira, a jurisprudência e a doutrina nacionais vêm relegando o assunto a segundo plano. Constata-se sobre a dificuldade do tema e aponta-se como uma das razões a fluidez da expressão "dignidade da pessoa humana", como explicação para seu tratamento inadequado. Considera-se tarefa impossível estabelecer limites definitivos e acabados da expressão, visto que "a afirmação da dignidade da pessoa tem sido um processo construído ao longo de toda a história"[73].

Após discorrer sobre as fases mais significativas da construção histórica da dignidade da pessoa humana, Othon de Azevedo Lopes afirma que se trata de um princípio "supremo e absoluto que define uma esfera indisponível de direitos, não podendo ser objeto de ponderação e relativização", e sim um ponto central para o posicionamento dos demais direitos e princípios jurídicos, tornando-se, por isso, um referencial fundamental[74].

A dignidade da pessoa humana, na condição de princípio constitucional fundamental com centralidade na pessoa humana, é também realçada por Rúbia Zanotelli de Alvarenga. Reveladora dos atributos inerentes e não dissociáveis da pessoa humana, a dignidade é o ponto convergente da proteção do Estado por meio do ordenamento jurídico positivado. O trabalho se direciona ao bem-estar do ser humano, permitindo assegurar ao trabalhador e à sua família o sustento, a saúde, o lazer e o progresso material e espiritual, como real significado de justiça social[75].

Como pilar ético dos direitos humanos e dos direitos fundamentais, a dignidade da pessoa humana é indutora do avanço das conquistas de direitos sociais, trabalhistas e previdenciários. A Constituição brasileira assegura à pessoa humana a condição de centralidade na ordem jurídica nacional. Contudo, a efetivação desses direitos ainda tem um longo

---

(72) LOPES, Othon de Azevedo. A dignidade da pessoa humana como princípio jurídico fundamental. In: SILVA, Alexandre Vitorino da *et al. Estudos de Direito Público*: Direitos Fundamentais e Estado Democrático de Direito. Porto Alegre: Síntese, 2003. p. 193. *loc. cit.*

(73) *Ibid., loc. cit.*

(74) *Ibid.*, p. 200-207.

(75) ALVARENGA, Rúbia Zanotelli. *O Direito do Trabalho como dimensão dos direitos humanos.* São Paulo: LTr, 2009. p. 171.

caminho a percorrer, especialmente devido às dificuldades de sua concretização e dos movimentos em sentido inverso, impulsionados pela globalização e pelo neoliberalismo crescentes.

1.2.3 Os Contornos do Estado Constitucional Contemporâneo e a Proteção aos Direitos Humanos e Fundamentais Trabalhistas

A evolução da temática dos direitos humanos e dos direitos humanos e fundamentais trabalhistas vem acompanhando o desenvolvimento na esfera jurídica, por meio do Direito Internacional dos Direitos Humanos e de sua positivação em âmbito interno.

Norberto Bobbio analisa a proteção dos direitos humanos, bem como as dificuldades para a efetivação dos direitos sociais no Estado Constitucional. Para ele, a luta pela afirmação dos direitos humanos se faz pelo acompanhar da instituição de regimes representativos no interior de cada Estado, com a dissolução dos Estados de poder concentrado[76].

Para o autor, a luta pela afirmação dos direitos do homem considera a existência de "Estados de direito", assim conhecidos aqueles Estados com um sistema de garantias dos direitos do homem[77].

Norberto Bobbio chama a atenção para um grande problema que ocorre principalmente nos países em desenvolvimento, que é a impossibilidade de proteção no que se refere à maioria dos direitos sociais. O autor traz à memória o surgimento do Direito do Trabalho com a Revolução Industrial, ressaltando que para sua consecução não é suficiente a proclamação ou a constatação da existência de direitos e garantias. É imperativa sua efetivação, o que depende de determinado grau de desenvolvimento da sociedade, da disputa por direitos, desafiando uma Constituição mais evoluída, que se faça viva no tempo presente e efetiva para as futuras gerações[78].

O autor aduz que, a despeito das formulações de filósofos e juristas, bem como dos esforços de "políticos de boa vontade", o "caminho a percorrer é ainda longo [...] e a história humana, embora velha de

---

(76) BOBBIO, Norberto. *A era dos direitos*. 2. ed. reform. Rio de Janeiro: Campus, Elsevier, 2004. p. 23-35.
(77) *Ibid.*, p. 23-24.
(78) *Ibid.*, p. 19.

milênios [...] talvez tenha apenas começado". A quem pretender um exame mais aprofundado e "despreconceituoso" do desenvolvimento dos direitos humanos, Norberto Bobbio aponta o caminho do "salutar exercício" da leitura da *Declaração Universal dos Direitos Humanos*[79].

Sobre o papel do Estado na concretização dos direitos sociais, Norberto Bobbio observa que, enquanto os direitos de liberdade nascem para limitar o superpoder do Estado, os direitos sociais exigem justamente o contrário: a ampliação dos poderes do Estado, para sua concreta aplicação e para sua efetivação. Pondera ele que as Declarações de Direitos dos Estados Norte-Americanos e da Revolução Francesa, que estabelecem uma nova concepção de Estado não mais absoluto, não encerram um fim em si mesmo[80].

A história do desenvolvimento do constitucionalismo ocidental é abordada também por Maria Cecília de Almeida Monteiro Lemos, iniciando pelo Estado Liberal Primitivo ou Estado Liberal de Direito, a partir de meados do século XVIII; depois, o Estado Social de Direito instituído a partir das Constituições promotoras da transição para a democracia no século XX, e o Estado Democrático de Direito, limite contemporâneo do constitucionalismo, que se deu após a Segunda Guerra Mundial[81].

O Estado Liberal de Direito emergiu em contraposição ao poder absolutista do Estado, com a afirmação dos direitos e das liberdades individuais como direitos de "primeira dimensão" ou de "primeira geração", com destaque para o reconhecimento dos direitos individuais e políticos. Embora reconheça a importância dessas conquistas, a autora ressalta o privilégio das elites proprietárias no alcance das liberdades do Estado[82].

Em seus ensinamentos, ela destaca a ênfase dada pelo Estado Liberal de Direito ao valor da liberdade, com fundamento teórico pautado na

---

(79) BOBBIO, Norberto. *A era dos direitos*. 2. ed. reform. Rio de Janeiro: Campus, Elsevier, 2004. p. 23-35. *loc. cit.*

(80) *Ibid.*, p. 35.

(81) LEMOS, Maria Cecília de Almeida Monteiro. A dinâmica de afirmação de Direitos Fundamentais no Estado Democrático de Direito: A matriz constitucional de 1988 e os paradoxos da Lei 13.467/17. *In*: SANTANA, Paulo Campana; LEMOS, Maria Cecília de Almeida Monteiro (org). *30 anos da Constituição*: Análises contemporâneas e necessárias, uma homenagem dos 50 anos do curso de Direito do UDF. Brasília: Praeceptor, 2018. p. 205-223.

(82) *Ibid.*, p. 207.

propriedade privada dos meios de produção, lembrando a premissa do liberalismo *"laissez faire, laissez passer"*, tratando de igualdade entre as partes, sem distinção entre proprietários e trabalhadores, somente do ponto de vista teórico[83].

A ideia propagada no Estado Liberal de Direito era a do afastamento completo do Estado e da normatização dos contratos de trabalho, deixando ao Direito Civil e às teorias contratualistas o papel de regular as relações de trabalho. Nessa perspectiva, cabia aos intérpretes das leis aplicar os preceitos legais pelo sistema mecanicista destinado a garantir a segurança jurídica, sem considerar essa assimetria entre proprietários e trabalhadores[84].

Os modelos de Estado são abordados por Gabriela Neves Delgado, a partir da compreensão sobre a importância do Estado para as relações sociais no curso da história. A respeito do paradigma do Estado Liberal de Direito, a autora pondera sobre a ascensão da burguesia econômica com o ideal do "espírito burguês capitalista", a partir do desenvolvimento do capitalismo no Ocidente, nos séculos XVIII e XIX, em decorrência do aparecimento da indústria[85].

A exploração da força de trabalho e suas contradições, constatadas nesse processo histórico, contribuíram para elevar a conscientização dos trabalhadores sobre os direitos sociais, para fortalecer a consciência de classe, a resistência e a luta por melhorias das condições de trabalho e de vida. Deu-se, ainda nessa fase, o movimento de integração e representatividade coletiva, com vistas à plenitude de acesso aos direitos sociais e ao sindicalismo, dando início às reivindicações sociais direcionadas à intervenção estatal por esses direitos, conclui a autora[86].

Gabriela Neves Delgado pontua que o direito de resistência obreiro avançou como um contraponto às condições de superexploração impostas

---

(83) LEMOS, Maria Cecília de Almeida Monteiro. A dinâmica de afirmação de Direitos Fundamentais no Estado Democrático de Direito: A matriz constitucional de 1988 e os paradoxos da Lei 13.467/17. *In*: SANTANA, Paulo Campana; LEMOS, Maria Cecília de Almeida Monteiro (org). *30 anos da Constituição*: Análises contemporâneas e necessárias, uma homenagem dos 50 anos do curso de Direito do UDF. Brasília: Praeceptor, 2018. p. 207-208.

(84) *Ibid.*, p. 208.

(85) DELGADO, Gabriela Neves. Os Paradigmas do Estado Constitucional Contemporâneo. In: DELGADO, Mauricio Godinho; DELGADO, Gabriela Neves. Constituição da República, Estado Democrático de Direito e Direito do Trabalho. 4. ed. São Paulo: LTr, 2017. p. 17-35.

(86) *Ibid.*, p. 17-19.

pela Revolução Industrial. A ebulição social estabelecida teve, portanto, o papel de desestabilizar o Estado Liberal de Direito, exigindo outro modelo de Estado, em decorrência da necessidade de intervenção nas questões sociais e nas relações de trabalho[87]. Nesse processo e no curso histórico, o Direito Civil perdeu a primazia da tutela jurídica das relações de trabalho com a institucionalização do contrato de emprego.

A partir daí, surgiu o Estado Social de Direito, em contraposição ao Estado Liberal de Direito. O capitalismo industrial se transformou em monopolista, quando teve início o processo de colonização dos países periféricos por aqueles de economia central, sobretudo com a eclosão da Primeira Guerra Mundial. Após o término desta, foi criada a Liga das Nações pelos países centrais, ocorrendo depois o processo de constitucionalização dos direitos sociais e do próprio Direito do Trabalho[88].

No limiar do século XX, deflagrou-se o processo de institucionalização do Estado Social de Direito apoiado na dinâmica de constitucionalização dos direitos sociais, primeiramente com a Constituição do México, em 1917, seguida da Constituição Alemã, de 1919, a Constituição de Weimar. Gabriela Neves Delgado destaca, ainda, a influência das doutrinas sociais da época (o *Manifesto Comunista*, as doutrinas marxistas e as Encíclicas Papais) no processo de institucionalização dos direitos sociais e trabalhistas[89].

Para a autora, o Estado Social ampliou os direitos sociais, coletivos, culturais e econômicos e redefiniu o papel dos direitos individuais e políticos imprimindo-lhes cunho social, inclusive com a vinculação da propriedade privada à sua função social, transformando-se em Estado administrador, intervencionista e assistencialista. No Estado Social, observa-se a preponderância do valor da igualdade formal e material, com o reconhecimento das diferenças, contexto em que se dá aos intérpretes da lei a diretriz de interpretação teleológica das decisões. Esta foi uma fase de ascensão e maturação do Direito do Trabalho, período também de expansão do movimento sindical, de crescimento da economia e da riqueza capitalista no Ocidente[90].

---

(87) DELGADO, Gabriela Neves. Os Paradigmas do Estado Constitucional Contemporâneo. In: DELGADO, Mauricio Godinho; DELGADO, Gabriela Neves. Constituição da República, Estado Democrático de Direito e Direito do Trabalho. 4. ed. São Paulo: LTr, 2017. p. 20-21.

(88) *Ibid.*, p. 21-22.

(89) *Ibid.*, p. 22-24.

(90) *Ibid.*, p. 25.

Os princípios de ordenação têm seus alicerces constitucionais na legalidade, no direito adquirido, na proteção jurídica e nas garantias processuais, e objetivam a efetividade da segurança jurídica. Ensina Gabriela Neves Delgado que esses princípios têm origem em outros paradigmas do Estado Constitucional, com ampla sustentação teórica e maior possibilidade de concretização no Estado Democrático de Direito[91].

Esse modelo de Estado Social converge os valores jurídicos revelados em torno da pessoa humana, centro de direitos, de modo que "todos os direitos fundamentais deverão orientar-se pelo *valor-fonte da dignidade* [...] promovido pelo direito fundamental e universal ao trabalho digno". Também no contexto do Estado Democrático de Direito surgem, ao final do século XX, os direitos difusos com origem na fraternidade e solidariedade universais, com realce para os direitos das minorias, da paz, do meio ambiente e da autodeterminação dos povos ao patrimônio comum da humanidade, entre outros direitos[92].

Gabriela Neves Delgado indica os pilares constitutivos do Estado Democrático de Direito, com destaque para a dignidade da pessoa humana, o Direito do Trabalho, a cidadania, a justiça social e os direitos humanos. Afirma, ainda, que o "sistema jurídico se estrutura no plano constitucional [...] orientado teleologicamente pela dignidade do ser humano [...] reforçando a teoria dos direitos fundamentais a partir do sentido de dignidade"[93].

Pietro de Jesús Lora Alarcón afirma que "no Estado Social se faz mister restringir o direito individual. A justificativa se encontra precisamente no bem comum [...] e na satisfação do interesse público". E somente a compreensão da necessidade de uma forma de Estado e do Direito lastreada no comprometimento com o bem comum pode ser considerada lógica e razoável, em razão da desigualdade e da falta de condições da grande maioria dos integrantes da sociedade[94].

O Estado de Bem-Estar Social alcançou desenvolvimento mais amplo em Estados de filosofia social-democrata, no século XX, sobretudo após a

---

(91) DELGADO, Gabriela Neves. Os Paradigmas do Estado Constitucional Contemporâneo. In: DELGADO, Mauricio Godinho; DELGADO, Gabriela Neves. Constituição da República, Estado Democrático de Direito e Direito do Trabalho. 4. ed. São Paulo: LTr, 2017. p. 27-28.

(92) *Ibid.*, p. 29, grifos no original.

(93) *Ibid.*, p. 29-30.

(94) LORA ALARCÓN, Pietro de Jesús. *Ciência política, Estado e direito público*: uma introdução ao direito público na contemporaneidade. São Paulo: Verbatim, 2011. p. 103-105.

Segunda Guerra Mundial. Assevera Pietro de Jesús Lora Alarcón que, após a queda dos Estados ditatoriais, na segunda metade da década de 1980, as democracias passaram a enfrentar o desafio de consolidação da própria democracia e de promoção da cidadania, em prejuízo do desenvolvimento com justiça social[95].

Sobretudo a partir de meados dos anos 1970, o projeto neoliberal se expandiu em direção evidentemente oposta ao modelo de Estado de Bem-Estar Social, produzindo prejuízos severos aos direitos sociais nas mais diversas esferas, inclusive a trabalhista.

O neoliberalismo consiste na defesa do Estado mínimo, reduzido, e do intervencionismo, provocando o desmantelamento do setor público. Sua implementação vem ocorrendo com habilidade, aproveitando a insatisfação popular com a ineficiência na prestação de serviços públicos, justificando assim o controle por grupos privados, incluindo setores estratégicos da economia[96].

O pensamento neoliberal, intimamente ligado a correntes conservadoras da sociedade, traz como proposta o estabelecimento de um Estado sem compromisso com a ordem social e com a distribuição de renda. Ainda preconiza a privatização do setor público com a abertura ao setor privado, a flexibilização das relações de trabalho e a regulação pelo mercado para a estabilização do sistema e a geração de riqueza social[97].

No entendimento de Paulo Bonavides, o Brasil está sendo conduzido no caminho da globalização do neoliberalismo, fruto da globalização econômica. Ao afrouxar os laços de soberania e implementar a doutrina de uma falta de politização da sociedade, o projeto neoliberal avança ocasionando muitos problemas, dissolvendo o Estado Nacional[98]. Afirma o autor que:

> Da globalização econômica e da globalização cultural muito se tem ouvido falar. Da globalização política só nos chegam, porém, o silêncio e o subterfúgio neoliberal da reengenharia

---

(95) LORA ALARCÓN, Pietro de Jesús. *Ciência política, Estado e direito público*: uma introdução ao direito público na contemporaneidade. São Paulo: Verbatim, 2011. p. 103.

(96) *Ibid.*, p. 104.

(97) *Ibid.*, p. 104-105.

(98) BONAVIDES, Paulo. *Curso de Direito Constitucional*. 32. ed. atual. São Paulo: Malheiros, 2017. p. 574-593.

do Estado e da sociedade. Imagens, aliás, anárquicas de um futuro nebuloso onde o Homem e sua liberdade – a liberdade concreta, entenda-se – parecem haver ficado de todo esquecidos e postergados [...][99].

Para Aldo Arantes, o neoliberalismo "coloca como meta a liquidação do Estado de Bem-Estar Social para impor a lógica do mercado". Segundo ele, com o avanço desse modelo, está cada vez mais acelerada a caminhada para a tentativa de destruição da Constituição de 1988 e de seus direitos fundamentais[100].

O autor alerta para a estreita relação entre a defesa da democracia e a defesa da Constituição no Brasil. Pondera que, por meio da hegemonia neoliberal, o Estado vem sendo fragilizado e que o capital financeiro está conseguindo impor a redução do papel do Estado com o incremento das privatizações, a quebra de direitos sociais, previdenciários, trabalhistas, além da fragilização da democracia[101].

Ao analisar o papel do neoliberalismo na quebra dos direitos sociais, o autor afirma que "os direitos fundamentais se constituem em obstáculos às políticas neoliberais. Por isso, para a lógica do mercado, eles têm que ser removidos", destacando que está em curso um processo de desconstitucionalização da Carta Política de 1988. Afirma ainda que, a fim de garantir a liberdade do capital, o neoliberalismo age para excluir direitos sociais e econômicos. E como as Constituições sociais são um obstáculo ao objetivo neoliberal, a ofensiva desenvolvida é o processo de "desconstitucionalização das Constituições nacionais, visando a liquidação das constituições sociais"[102].

Kátia Magalhães Arruda aborda a positivação dos direitos sociais dos trabalhadores como direitos fundamentais pela CRFB/88, especialmente em seu art. 7º, possibilitando efeitos jurídicos a todo seu regramento. Salienta, contudo, os efeitos das propostas neoliberais, que objetivam a

---

(99) BONAVIDES, Paulo. *Curso de Direito Constitucional*. 32. ed. atual. São Paulo: Malheiros, 2017. p. 585-587.

(100) ARANTES, Aldo. Em defesa da democracia e da constituição: (des)constitucionalização e neoliberalismo. *In*: ARANTES, Aldo *et al.* (org.). *Por que a democracia e a Constituição estão sendo atacadas?* Rio de Janeiro: Lumen Juris, 2019. p. 183-186.

(101) *Ibid.*, p. 183-184.

(102) *Ibid.*, p. 185-186.

desconstitucionalização e a desregulamentação do arcabouço legislativo de proteção do trabalhador, afetando princípios constitucionais basilares, como o da dignidade da pessoa humana e o da valorização do trabalho e, com isso, "quebrando a coerência do ordenamento jurídico nacional"[103].

Para a autora, ainda que não seja possível evitar a globalização, é imperativo que os direitos fundamentais sejam resguardados em face do modelo neoliberal que se tenta impor, pois este tem como efeito a "[...] segregação da população mais carente e lucro de poucos privilegiados e não consegue solucionar as graves questões sociais que se avizinham"[104].

O papel do Estado na regulação e na proteção da pessoa humana, bem como a influência do Direito Internacional e da OIT são de fundamental importância para a evolução e a efetiva aplicação dos direitos humanos trabalhistas. A compreensão do protagonismo do Estado interno e da ordem internacional na tutela da pessoa humana trabalhadora para assegurar a sua liberdade e sobrevivência digna deve ser o objetivo principal, tanto da Nação quanto dos entes internacionais.

O reconhecimento da dignidade humana como princípio norteador do trabalho e das relações dele decorrentes somente é possível no Estado Democrático de Direito. No entanto, é preciso reconhecer, na atualidade, a tentativa de determinados segmentos da sociedade em percorrer o caminho de volta que objetiva reduzir garantias constitucionais e universais, a fim de impor a prevalência dos interesses do mercado em prejuízo de princípios, como o da progressividade social, o da proteção ao trabalho e o da vedação do retrocesso social, entre outros.

1.3 A OIT e seu contributo para a efetivação de um patamar civilizatório de direitos humanos trabalhistas

Após a análise panorâmica dos direitos humanos e da dignidade da pessoa humana como núcleo paradigmático dos direitos humanos e fundamentais trabalhistas, há de se perquirir sobre a contribuição da Organização Internacional do Trabalho para a efetivação de um patamar civilizatório de direitos humanos trabalhistas, bem como

---

(103) ARRUDA, Kátia Magalhães. *Direito Constitucional do Trabalho*: sua eficácia e o impacto do modelo neoliberal. São Paulo: LTr, 1998. p. 124-126.

(104) *Ibidem.*

para a efetividade dos direitos fundamentais no sentido de assegurar a justiça social.

1.3.1 Nota Introdutória

A Organização Internacional do Trabalho (OIT) foi criada em 1919, ao fim da Primeira Guerra Mundial. Institucionalizada pelo Tratado de Versalhes, foi posteriormente integrada ao Sistema das Nações Unidas. Instituída para lidar com a temática dos direitos sociais trabalhistas, a OIT promove as bandeiras da paz mundial, da justiça social e da centralidade da pessoa humana trabalhadora.

Arnaldo Süssekind discorre sobre a OIT, sua criação, natureza jurídica, finalidade e competência, bem como sobre seu contributo e relevância para a efetivação dos direitos humanos trabalhistas. Pondera, inicialmente, sobre a consagração do Direito do Trabalho pelo Tratado de Versalhes, por meio do qual também se deu a criação da OIT[105]. A missão de justiça social afirmada no Preâmbulo da Constituição da Organização Internacional do Trabalho com a "tríplice justificação da consagração do Direito do Trabalho [...] teve por objetivo a universalização das leis sociais trabalhistas: humanitária, política e econômica"[106].

Salienta o autor que "existem condições de trabalho que contêm tal grau de injustiça, miséria e privações para grande número de seres humanos, que o descontentamento causado constitui uma ameaça para a paz e a harmonia universais". Destaca a consagração do Direito do Trabalho como um novo ramo da ciência jurídica, afirmando que a OIT foi criada para a universalização de suas normas[107].

A criação da OIT como organismo internacional foi considerada já em seu nascedouro como útil e necessária. Arnaldo Süssekind assevera ainda que, diante da urgente necessidade de melhoria das condições de trabalho, o preâmbulo da Constituição da OIT elenca diversas vertentes de proteção ao trabalho, como a contratação de mão de obra, a luta contra o desemprego, a previdência social, a posição do trabalhador estrangeiro,

---

(105) SÜSSEKIND, Arnaldo. *Direito Internacional do Trabalho*. 3. ed. atual. e com novos textos. São Paulo: LTr, 2000. p. 99-116, p. 119-146 e p. 449-450.

(106) *Ibid.*, p. 101-202.

(107) *Ibid.*, p. 101-103.

bem como o princípio da liberdade sindical, abrindo uma porta larga para o estudo de medidas e discussões de temas similares[108].

O autor salienta que na Constituição da OIT foi registrado expressamente que se "qualquer nação não adotar regime de trabalho realmente humano esta omissão constituirá um obstáculo aos esforços de outras nações, que desejem melhorar a sorte dos trabalhadores em seus próprios países". Além de questões específicas de Direito do Trabalho e Seguridade Social, a Constituição da OIT relaciona entre os programas a serem fomentados o emprego pleno, a melhoria das condições de vida, a formação profissional, a garantia de oportunidades iguais em matéria de educação e profissão, e a colaboração entre empregados e empregadores quanto às medidas socioeconômicas[109].

Arnaldo Süssekind ainda enfatiza que o documento da Constituição da OIT prevê, em seus arts. III e IV, a proteção à infância e à maternidade, a preservação dos direitos à habitação, à alimentação, ao lazer e à cultura. E sua competência abrange o progresso econômico e social de regiões menos desenvolvidas e a melhoria da saúde, da educação e o bem-estar de todos os povos[110].

Os obstáculos e as resistências enfrentados pela OIT, vinculados ao papel originário dessa organização em relação aos direitos humanos trabalhistas, são analisados por Luciane Cardoso Barzotto[111]. Em sua obra, a autora enfatiza que, na *Declaração sobre os Princípios Fundamentais no Trabalho*, de 1998, a OIT se reporta ao desempenho colaborativo perante a comunidade internacional, para a efetivação dos direitos humanos básicos no trabalho. No campo específico do trabalho, a OIT, desde a sua fundação, em 1919, cuidou da edição de normas representativas da dignidade do trabalhador[112].

A respeito do contributo da OIT, a autora faz um contraponto entre a cultura dominante do neoliberalismo, que vê o trabalho de forma

---

(108) SÜSSEKIND, Arnaldo. *Direito Internacional do Trabalho*. 3. ed. atual. e com novos textos. São Paulo: LTr, 2000. p. 99-116, p. 123.

(109) *Ibid.*, p. 123-124.

(110) *Ibid.*, p. 125.

(111) BARZOTTO, Luciane Cardoso. *Direitos Humanos e Trabalhadores*: atividade normativa da Organização Internacional do Trabalho. Porto Alegre: Livraria do Advogado, 2007. p. 208-212.

(112) *Ibid.*, p. 208-209.

mercantilizada, cada vez menos valorizado, e o importante papel desse organismo internacional voltado à valorização da pessoa humana e do trabalho. Também identifica a reorientação da Organização reforçando o debate da justiça social voltado ao trabalho humano, no sentido de se manter a dignidade para os trabalhadores[113].

Luciane Cardoso Barzotto trata, ainda, do "verdadeiro valor do trabalho humano". Considera que existe uma "nova exigência, em toda a sociedade, que se mantenha a dignidade para todos os trabalhadores". Esse é um contributo do debate atual da OIT com enfoque nos direitos humanos trabalhistas[114].

De acordo com Paulo Roberto Lemgruber Ebert, a *Constituição da OIT* e a *Declaração de Filadélfia* são diplomas basilares do sistema do Direito Internacional do Trabalho. Destaca o autor que a OIT se constituiu a partir da premissa de que a construção da paz entre as nações depende do equilíbrio entre a estabilidade econômica e o progresso material dos indivíduos. Considerando que esse equilíbrio depende da construção de diretrizes de proteção do trabalho humano para alcançar esse fim, é imprescindível a regulamentação das relações trabalhistas[115].

A *Constituição da OIT* é um marco civilizatório internacional para o trabalho humano. Possui o importante papel de estabelecer condições justas e uniformizadas de trabalho para evitar a utilização do custo da mão de obra, como fator de desequilíbrio na concorrência entre os países, tendo sido essa a intenção que permeou a instituição da Organização. Essa ideia está expressa no preâmbulo do *Tratado de Versalhes*, em sua parte XIII[116].

A paz mundial guarda correlação com a estabilidade econômico--financeira e com as condições materiais da população, assim como

---

(113) BARZOTTO, Luciane Cardoso. *Direitos Humanos e Trabalhadores*: atividade normativa da Organização Internacional do Trabalho. Porto Alegre: Livraria do Advogado, 2007. p. 212.

(114) *Ibid.*, p. 211-212.

(115) EBERT, Paulo Roberto Lemgruber. A Constituição da OIT (1919) e a Declaração de Filadélfia (1944). *In*: ROCHA, Cláudio Jannotti da *et al.* (org.). *Direito Internacional do Trabalho*: Aplicabilidade e Eficácia dos Instrumentos Internacionais de Proteção ao Trabalhador. São Paulo: LTr, 2018. p. 299.

(116) *Ibid.*, p. 301.

posto na *Constituição da OIT*, na *Declaração de Filadélfia* e no preâmbulo da *Declaração Internacional dos Direitos do Homem*[117].

No ano em que se comemorou o centenário da Organização Internacional do Trabalho (OIT), Mauricio Godinho Delgado e Gabriela Neves Delgado publicaram o artigo intitulado *A OIT e sua missão de justiça social*[118] enfatizando, de início, o princípio da justiça social na condição de comando instigador, tanto no que se refere ao desenvolvimento quanto ao avanço da OIT, desde a sua criação perpassando toda a sua trajetória centenária. A justiça social é, portanto, um dos "principais eixos condutores de sua atuação jurídica, política e institucional"[119].

Para os autores, "compreende-se que o princípio da justiça social acompanhou os três grandes momentos paradigmáticos da história centenária da OIT, repercutindo com intensidade variada sua força filosófica, política e normativa". O primeiro momento é o da própria institucionalização da Organização pelo *Tratado de Versalhes*, em 1919, indo até o ano de 1939. Esse período de vinte anos foi decisivo para sua afirmação e a construção de sua base social e humanística. Ademais, a OIT foi protagonista para o modelo de Direito Internacional do Trabalho. Nessa primeira fase, entre 1919 e 1939, "a referência à justiça social inspirou a produção jurídica crescente da OIT, que já totalizava 67 Convenções Internacionais e 66 Recomendações Internacionais"[120].

A segunda fase foi de expansão tanto para a Organização, quanto para seu objetivo de justiça social. O princípio de justiça social teve início com a *Declaração Referente aos Fins e Objetivos da OIT* (*Declaração de Filadélfia*, de 1944), a primeira declaração internacional de direitos. Esta fase é demarcada ainda pelo crescimento da OIT. Do ano de 1944 até a década de 1970, a missão de justiça social foi reforçada, o padrão regulatório com lastro na proteção aos direitos trabalhistas foi intensificado e, nesse período, foram editadas 84 Convenções e 94 Recomendações pela OIT. Esta fase se estendeu até o final dos anos 1979,

---

(117) EBERT, Paulo Roberto Lemgruber. A Constituição da OIT (1919) e a Declaração de Filadélfia (1944). *In*: ROCHA, Cláudio Jannotti da *et al*. (org.). *Direito Internacional do Trabalho*: Aplicabilidade e Eficácia dos Instrumentos Internacionais de Proteção ao Trabalhador. São Paulo: LTr, 2018. p. 309.

(118) DELGADO, Mauricio Godinho; DELGADO, Gabriela Neves. A OIT e sua Missão de Justiça Social. *Revista Pensamento Jurídico*, São Paulo, vol. 13, n. 2, p. 424-448, jul./dez. 2019.

(119) *Ibid.*, p. 425.

(120) *Ibid.*, p. 426-428.

a partir de quando o modelo neoliberal e a globalização avançaram, com impactos na regulação do trabalho nos planos nacional e internacional[121].

A terceira fase foi marcada pela diversificação e revisitação da forma de atuação normativa da OIT. Mauricio Godinho Delgado e Gabriela Neves Delgado destacam que, diante do recrudescimento da globalização no fim da década de 1970 refletindo até os dias atuais, e frente a um cenário de globalização sem limites, com influência dos avanços do neoliberalismo, "insistir na correção da noção de justiça social [...] tornou-se um grande desafio", o que levou a OIT a apostar na diversificação de sua atuação institucional, política e normativa, por meio de novos caminhos, reforçando com isso sua missão de justiça social[122].

Os autores analisam os novos caminhos da OIT, destinados à reafirmação do conceito de justiça social, realçando que de 1980 a 2011 foram adotadas 36 Convenções e 43 Recomendações. Na 100ª Conferência Internacional do Trabalho (2011), foi aprovada a *Convenção n. 189* e a respectiva *Recomendação sobre Trabalho Decente para as Trabalhadoras e os Trabalhadores Domésticos*. Na 108ª Conferência Internacional do Trabalho (CIT/2019) foram aprovadas a *Convenção n. 190* e "[...] uma recomendação complementar referentes à violência *e ao assédio no local de trabalho*". Nessa última fase, observa-se a atuação normativa da OIT para novos planos, "criando novos marcos civilizatórios com assento na justiça social", inclusive novas Declarações Internacionais do Trabalho[123].

A respeito dos principais documentos da OIT nessa linha de ampliar sua atuação normativa, Mauricio Godinho Delgado e Gabriela Neves Delgado enumeram os seguintes:

> A Declaração da OIT sobre os Princípios e Direitos Fundamentais no Trabalho de 1998; a Declaração Tripartite de Princípios sobre Empresas Multinacionais e Política Social, cuja versão original é de 1977, sofrendo revisão nos anos 2000 e 2006; soma-se a isso ainda a Declaração da OIT Sobre a Justiça Social para uma Globalização Justa, de 2008. Anos

---

(121) DELGADO, Mauricio Godinho; DELGADO, Gabriela Neves. A OIT e sua Missão de Justiça Social. *Revista Pensamento Jurídico*, São Paulo, vol. 13, n. 2, p. 424-448, jul./dez. 2019. p. 427.

(122) *Ibid.*, p. 427-428.

(123) *Ibid., loc. cit.*

depois, em 2019, foi lançada a Declaração do Centenário da OIT para o Futuro do Trabalho.[124]

O que se observa é que a OIT deu seguimento à sua produção normativa com enfoque nas Declarações Internacionais referenciadas na justiça social. Nessa esteira, na primeira década do século XXI, foram adotadas pela Organização a *Declaração Tripartite de Princípios sobre Empresas Multinacionais e Política Social* (revisada em 2000 e 2006), e a *Declaração sobre Justiça Social para uma Globalização Justa* (2008). Na segunda década do século XXI, foi aprovada a *Declaração do Centenário da OIT para o Futuro do Trabalho* (2019). Todos esses documentos reafirmam a missão de justiça social da Organização[125].

Sobre o papel da OIT no estabelecimento de um patamar mínimo civilizatório de direitos humanos trabalhistas, Mauricio Godinho Delgado e Gabriela Neves Delgado analisam que, desde 1919, a instituição vem concretizando esse objetivo, por meio de ações, políticas estratégicas e instrumentos jurídicos. Observam que a OIT vem progressivamente instituindo meios para alcançar o objetivo de justiça social e avançar na proteção dos direitos trabalhistas, apesar das dificuldades do processo de globalização inaugurado nos anos 1970, com maiores obstáculos para a proteção trabalhista universal, um grande desafio da Organização[126].

Os autores ressaltam o inegável destaque da OIT na estruturação de um sistema jurídico de proteção ao trabalho humano de "matriz humanista e social", no plano internacional. Ponderam que deve ser considerada a relevância de ter a OIT, nesses cem anos de existência, produzido 190 Convenções Internacionais, várias delas já ratificadas pelo Brasil[127].

---

(124) DELGADO, Mauricio Godinho; DELGADO, Gabriela Neves. A OIT e sua Missão de Justiça Social. *Revista Pensamento Jurídico*, São Paulo, vol. 13, n. 2, p. 424-448, jul./dez. 2019. p. 428.

(125) *Ibid.*, p. 446.

(126) DELGADO, Mauricio Godinho; DELGADO, Gabriela Neves. A Declaração de 1998 da OIT sobre os Princípios e Direitos Fundamentais no Trabalho: parâmetros de um marco civilizatório e regulatório para os Direitos Humanos dos Trabalhadores. Revista da Associação Brasileira de Advogados Trabalhistas – ABRAT, Belo Horizonte, RTM, ano 6, n. 6, p. 151-170, jan./dez. 2019.

(127) *Ibid.*, p. 152.

Na mesma linha de raciocínio, José Roberto Freire Pimenta, Raquel Betty de Castro Pimenta e Luiz Otávio Linhares Renault também indicam o protagonismo da OIT no processo de internacionalização dos direitos humanos trabalhistas. Ressaltam que a entidade sempre procurou dar respostas às questões decorrentes do aumento da diversidade nas condições trabalhistas no interior dos Estados nacionais. Ainda, reforçam a importância da OIT e de sua capacidade de editar normas jurídicas supranacionais destinadas a assegurar aos trabalhadores "um patamar mínimo e isonômico de direitos sociais, trabalhistas e previdenciários"[128].

Os autores discorrem sobre as inúmeras mudanças do mundo do trabalho ao longo dos séculos, ponderando que a OIT, em toda a sua existência, vem cumprindo a missão de ser o "Organismo Internacional que desempenha o papel de fiel da balança"; com isso se destaca no espaço entre o liberalismo econômico e a intervenção do Estado, principalmente em decorrência de sua competência em instituir normas de caráter supranacional[129].

Para eles, a OIT cumpriu, no decorrer de sua história centenária, e ainda hoje cumpre importante papel de protagonista de avanços, de resistência na relação entre empregados e empregadores, reforçando a imprescindibilidade de sua função de atuar para reduzir a desigualdade econômico-social nas relações de trabalho. Afirmam que "[...] a força inspiradora da criação da Organização Internacional do Trabalho está mais presente do que nunca em todas as sociedades de massa contemporâneas destas primeiras e sofridas décadas do século XXI, e especialmente, na alma dos trabalhadores"[130].

A *Constituição da OIT*, na primeira metade do século XX, foi um importante marco civilizatório internacional para o trabalho humano. O objetivo de justiça social da OIT perpassa sua trajetória centenária, acompanhando os três momentos marcantes de atuação e produção

---

(128) PIMENTA, José Roberto Freire; PIMENTA, Raquel Betty de Castro; RENAULT, Luiz Otávio Linhares. A Internacionalização dos Direitos Humanos e o papel da Organização Internacional do Trabalho. *In*: ROCHA, Cláudio Jannotti *et al*. Coleção Direito Internacional do Trabalho. *A Organização Internacional do Trabalho*: sua História, Missão e Desafios. Vol. 1. São Paulo: Tirant lo Blanch, 2020. E-book. p. 57-78.

(129) *Ibid.*, p. 76.

(130) *Ibid.*, p. 77.

normativa, desde sua criação em 1919 até o ano de 2019, quando foi aprovada a Convenção n. 190, destinada a combater o assédio e todas as formas de violência no trabalho. Registram-se como contribuições relevantes a *Declaração de Princípios de 1998* e a *Declaração do Centenário*, aprovada na última Conferência Internacional da OIT (108ª CIT).

A complexidade das relações de trabalho estabelecidas no século XXI e os conflitos contemporâneos decorrentes do aprofundamento das desigualdades sociais e econômicas geradas pelo sistema capitalista globalizado desafiam a Organização Internacional do Trabalho a reafirmar as bandeiras da paz mundial, da justiça social e da centralidade da pessoa humana trabalhadora, constituídas a partir do diálogo social – prática que legitima e fortalece o poder transformador de suas Convenções e Recomendações.

Ao longo dos cem anos de existência, a influência da Organização Internacional do Trabalho foi fundamental para o estabelecimento de patamares internacionais de direitos e de proteção aos trabalhadores. Pode-se afirmar com segurança que a OIT tem efetivamente contribuído para a construção e a consolidação dos direitos humanos trabalhistas, inclusive no cenário brasileiro, conforme será analisado a seguir.

1.3.2 A OIT e sua Contribuição para a Institucionalização e o Fortalecimento do Direito do Trabalho Brasileiro

Arnaldo Süssekind destaca a contribuição da Organização Internacional do Trabalho para o desenvolvimento do Direito do Trabalho no Brasil. Desde sua instituição, a OIT elege a pessoa humana, especialmente o trabalhador, como alvo de sua atividade normativa, visando à universalização da justiça social. Afirma o autor que, durante todo o tempo de sua atuação, a organização teve esplêndidas realizações, sendo que "[...] o homem foi e continua a ser o centro de seus estudos, investigações, cursos e programas de cooperação técnica"[131].

Rúbia Zanotelli de Alvarenga pondera que o Brasil figura como um dos países signatários da OIT, quando da sua criação, o que significa que o país em tese adere aos objetivos da OIT de promover a paz social e a melhoria das condições de trabalho. A entidade internacional tem

---

(131) SÜSSEKIND, Arnaldo. *Direito Internacional do Trabalho*. 3. ed. atual. e com novos textos. São Paulo: LTr, 2000. p. 303.

desenvolvido diversas ações para o fortalecimento da justiça social, tanto na elaboração quanto na influência para a criação de políticas econômicas, sociais e trabalhistas, contribuindo para a concretização de direitos trabalhistas a favor do ser humano trabalhador, o principal destinatário das ações da OIT[132].

Por ocasião das comemorações do centenário da OIT, no ano de 2019, a Comissão Mundial sobre o Futuro do Trabalho da OIT publicou o *Relatório Trabalhar para um Futuro Melhor*, referindo-se à importância da garantia laboral universal e da inclusão daqueles que, segundo transcrito no documento:

> "[...] historicamente permaneceram excluídos da justiça social e do trabalho digno, especialmente quem trabalha na economia informal", bem como a necessidade da implementação de "ações inovadoras para enfrentar a crescente diversidade de situações em que o trabalho é realizado, em particular o fenômeno emergente do trabalho mediado digitalmente no contexto da economia de plataformas [...]".[133]

Em tempos mais recentes, a atuação da OIT tem se concentrado também no contexto da pandemia da Covid-19, com ampla repercussão e consequências no mundo do trabalho, em cenário global. Assim, a Organização tem voltado sua atenção para ações, declarações, documentos e eventos sobre a crise da pandemia e suas consequências para o trabalho, a empregabilidade e a saúde, insistindo na importância do diálogo social entre governos, entidades sindicais de trabalhadores e empregadores, sociedade civil e movimentos sociais, como única saída para a crise atual[134].

A OIT tem afirmado que o grande desafio é vencer as consequências da crise em que os mais afetados são os trabalhadores nas economias em desenvolvimento, emergentes e na economia informal. Segundo

---

(132) ALVARENGA, Rúbia Zanotelli de. Criação, Fundamentos e Atividade Normativa da Organização Internacional do Trabalho – OIT. *In*: ROCHA, Cláudio Jannotti da *et al.* (org.). *Direito Internacional do Trabalho*: Aplicabilidade e Eficácia dos Instrumentos Internacionais de Proteção ao Trabalhador. São Paulo: LTr, 2018. p. 252-264.

(133) OIT - Organização Internacional do Trabalho. *Trabalhar para um Futuro Melhor*: Comissão Mundial para o Futuro do Trabalho. Lisboa: OIT, 2019.

(134) OIT - Organização Internacional do Trabalho. Notícias. Cúpula Mundial da OIT firma compromisso de criar um mundo do trabalho melhor após a Covid-19. 13 jul. 2020.

declarações do então Diretor Geral da OIT, os países deverão redobrar os esforços para vencer o vírus, além de agir "com urgência e em larga escala para superar suas consequências econômicas, sociais e sobre o emprego [...]"[135].

Por intermédio da produção normativa e da atuação da OIT ao longo de sua jornada centenária, somadas às ações e esforços na atualidade, é possível afirmar a importância de sua contribuição para a institucionalização e o fortalecimento do Direito do Trabalho no Brasil, no sentido de oferecer proteção aos trabalhadores, o que destaca a relevância de seu acervo jurídico-institucional, voltado à proteção aos direitos humanos sociais e trabalhistas.

A despeito da instabilidade institucional que marca historicamente o país e dos avanços e retrocessos políticos que repercutem nas conquistas de direitos trabalhistas, a participação do Brasil como Estado-membro fundador de uma entidade secular como a Organização Internacional do Trabalho é fundamental para os trabalhadores: como um farol, a OIT aponta o caminho para a consolidação e fortalecimento do Direito do Trabalho brasileiro a partir das premissas constituídas em suas Convenções e Recomendações.

---

(135) OIT - Organização Internacional do Trabalho. Notícias. Cúpula Mundial da OIT firma compromisso de criar um mundo do trabalho melhor após a Covid-19. 13 jul. 2020.

CAPÍTULO 2

TRABALHO DECENTE: UMA ANÁLISE NA PERSPECTIVA DOS DIREITOS HUMANOS TRABALHISTAS

> "O trabalho dá a dignidade. Dignidade tão espezinhada na história. Também hoje há muitos escravos, escravos do trabalho para sobreviver: trabalhadores forçados, mal pagos, com a dignidade espezinhada. Tira-se a dignidade das pessoas. Também aqui onde estamos acontece [...], com os trabalhadores diaristas com uma retribuição mínima por muitas horas trabalhadas, com a doméstica a quem não se paga o justo e não tem as seguranças sociais e a aposentadoria. Isso acontece aqui: é espezinhar a dignidade humana. Toda injustiça que se faz ao trabalhador é espezinhar a dignidade humana. Hoje, nos unimos a tantas pessoas crentes e não-crentes que celebram este dia do trabalhador por aqueles que lutam para ter justiça no trabalho." (O PAPA, 2020)

Após análise panorâmica da origem e conceituação dos direitos humanos e dos direitos humanos trabalhistas na perspectiva da Organização Internacional do Trabalho, considerada sua decisiva contribuição para a efetivação de um patamar civilizatório de direitos humanos trabalhistas, é necessário adentrar ao ponto central desta pesquisa, que é o Trabalho Decente. Assim, no presente capítulo, serão analisadas a criação, o conceito e a evolução do Trabalho Decente, além da Agenda Brasileira para o Trabalho Decente e sua inserção em respeito aos Objetivos do Desenvolvimento do Milênio da OIT.

2.1 Criação, conceito e evolução da Agenda do Trabalho Decente da Organização Internacional do Trabalho (OIT)

O Trabalho Decente encerra em si mesmo a ideia de trabalho livre, em condições justas e favoráveis, que, na realidade, vem desde a

Declaração Universal dos Direitos Humanos (DUDH), de 1948. No entanto, foi com a aprovação do documento intitulado *Declaração de Princípios e Direitos Fundamentais no Trabalho* (1998), pela Organização Internacional do Trabalho (OIT), que se deu sua maior promoção e expansão. No ano seguinte, em 1999, a OIT apresentou em documento o contorno dos objetivos da Agenda do Trabalho Decente, com vistas à sua ampliação e efetividade, o que significou uma mudança na posição política de atuação internacional da Organização[136].

O conceito de Trabalho Decente é definido textualmente pela própria OIT, considerando a abrangência de diversos elementos integrados à proteção social, tais como liberdade, remuneração, segurança no trabalho, inerentes à vida do trabalhador e à de sua família. Para a OIT:

> O conceito de trabalho digno resume as aspirações do ser humano no domínio profissional e abrange vários elementos: oportunidades para realizar um trabalho produtivo com uma remuneração equitativa; segurança no local de trabalho e proteção social para as famílias; melhores perspectivas de desenvolvimento pessoal e integração social; liberdade para expressar as suas preocupações; organização e participação nas decisões que afetam as suas vidas; e igualdade de oportunidades e de tratamento para todas as mulheres e homens.[137]

Para a Organização Internacional do Trabalho (OIT), a Agenda do Trabalho Decente é um programa que "visa o reconhecimento do trabalho decente como um objetivo global, entendendo, portanto, que todos os homens e mulheres do mundo aspiram a um trabalho produtivo em condições de liberdade, igualdade, segurança e dignidade"[138].

---

(136) AZEVEDO NETO, Platon Teixeira de. *O trabalho decente como um direito humano*. São Paulo: LTr, 2015. p. 21.

(137) OIT - ORGANIZAÇÃO INTERNACIONAL DO TRABALHO. *Trabalho digno*. [201-]. Disponível em: <https://www.ilo.org/lisbon/publica%C3%A7%C3%B5es/WCMS_650867/lang--pt/index.htm>. Acesso em: 22 set. 2021.

(138) OIT – ORGANIZAÇÃO INTERNACIONAL DO TRABALHO. *Trabalho decente nas Américas: uma agenda hemisférica, 2006-2015*. Disponível em: <https://www.ilo.org/wcmsp5/groups/public/---americas/---ro-lima/---ilo-brasilia/documents/publication/wcms_226226.pdf>.Acesso em: 1º fev. 2022.

Observa Platon Teixeira de Azevedo Neto que a *Declaração de Princípios e Direitos Fundamentais no Trabalho*, de 1998, adota uma postura de proteção da pessoa humana trabalhadora, projetada desde a criação e ao longo da trajetória centenária da OIT, mais centrada em normativas voltadas para um modelo amplo de proteção ao trabalho. A partir de então, a Organização sinaliza com uma mudança de comportamento e a ampliação de sua atuação política e institucional, "buscando um ideal de trabalho nivelador das condições globais"[139].

Para o autor, a implementação do Trabalho Decente pela OIT foi um "divisor de águas" e um importante marco em razão das propostas de combate à exploração do trabalho humano (trabalho análogo ao de escravo, exploração do trabalho infantil, trabalho discriminatório). Além disso, serviu como um balizamento por propiciar aos Estados-membros um caminho para a adoção de políticas de trabalho digno, de remuneração adequada, de proteção à saúde e à integridade física, com a finalidade de reduzir as desigualdades sociais e promover o desenvolvimento sustentável. Com isso, o Trabalho Decente é elevado à centralidade da proteção internacional, possibilitando o aperfeiçoamento das políticas aplicáveis às relações de trabalho no mundo[140].

O maior desafio tem sido a delimitação do tema e sua aplicabilidade concreta como modelo de "direito humano ao Trabalho Decente", com vistas a levar as discussões sobre a sua importância às Cortes Internacionais. Essa é uma importante medida destinada a abolir as relações trabalhistas precárias crescentes a cada dia, especialmente em momentos de crise. É imprescindível uma conceituação mais precisa dos objetivos do Trabalho Decente, dos seus conceitos e contornos, a fim de possibilitar alguma forma de controle junto aos países-membros, sobretudo nos casos de desrespeito aos direitos mínimos da pessoa humana trabalhadora, por violação da dignidade assegurada pelos direitos humanos e pelos direitos fundamentais[141].

Platon Teixeira de Azevedo Neto registra ainda que, no ano de 2008, a OIT publicou outro importante documento, a *Declaração sobre a Justiça Social por uma Globalização Equitativa*, em reafirmação aos

---

(139) AZEVEDO NETO, Platon Teixeira de. *O trabalho decente como um direito humano*. São Paulo: LTr, 2015. p. 21.

(140) *Ibid.*, p. 21-22.

(141) *Ibid.*, p. 58-59.

preceitos do trabalho decente, visando à efetivação das medidas de proteção social. No tópico intitulado "Alcance e Princípios", o Trabalho Decente foi reconhecido pela Organização como "elemento central das políticas econômicas e sociais". Constou expressamente do documento que os países-membros devem "adotar e ampliar medidas de proteção social – seguridade social e proteção aos trabalhadores [...] além de buscarem condições de trabalho que preservem a saúde e segurança dos trabalhadores"[142].

Ao proceder à análise do tratamento histórico da OIT sobre o conteúdo da concepção de Trabalho Decente, desde o seu surgimento, no ano de 1999, Silvio Beltramelli Neto e Júlia de Carvalho Voltani[143] fazem comparações de referências de documentos da Organização entre 1999 e 2018. Considerando a base documental, os autores analisam as referências teóricas sobre justicialidade dos direitos econômicos, sociais e culturais e do direito ao desenvolvimento social[144].

Na condição de defensora dos princípios e valores do trabalho digno na esfera internacional, a OIT vem efetivando mudanças em sua orientação internacional. Isso pode ser aferido principalmente em momentos de adversidade ao seu protagonismo, na regulação das relações trabalhistas. Uma das alterações que pode ser observada, considerando principalmente o crescimento da globalização e do neoliberalismo a partir dos anos de 1970, foi a adoção do Trabalho Decente como eixo temático, no centro de abordagem e desenvolvimento das atividades da Organização[145].

Os autores lembram que a concepção de Trabalho Decente foi apresentada à comunidade internacional em 1999, no documento intitulado *Memória*, do então Diretor-Geral da OIT, Juan Somavia, à 87ª Conferência Internacional do Trabalho (CIT). Nele foi proposto um novo enfoque de

---

(142) AZEVEDO NETO, Platon Teixeira de. *O trabalho decente como um direito humano*. São Paulo: LTr, 2015. p. 61.

(143) BELTRAMELLI NETO, Silvio; VOLTANI, Júlia de Carvalho. Investigação histórica do conteúdo da concepção de trabalho decente no âmbito da OIT e uma análise de sua justiciabilidade. *Revista de Direito Internacional*, Brasília, v. 16, n. 1, p. 166-185, 2019. p. 166-185.

(144) *Ibid.*, p. 166.

(145) *Ibid.*, p. 166-167.

atuação da Organização, com o marco programático denominado Trabalho Decente, destinado a unificar a sua atuação com o objetivo de "melhorar a situação dos seres humanos em todo o mundo do trabalho". São propostas de novas estratégias institucionais, no contexto do processo de reforma e modernização da OIT, em razão da "perda de protagonismo de suas ações voltadas à regulação das relações de trabalho em nível global, decorrente das transformações estruturais do capitalismo", devido a mudanças substanciais nas formas de relação de trabalho no mundo[146].

A partir dessa nova linha de atuação, a OIT deixou de priorizar sua intensa produção normativa e passou a dar mais ênfase à cooperação internacional com os Estados-membros em torno do Trabalho Decente. Assim, a Organização resumiu os seus 39 (trinta e nove) programas principais em quatro objetivos estratégicos ligados à noção de Trabalho Decente, a saber: proteger os princípios e direitos fundamentais do trabalho nas relações trabalhistas; gerar empregos de qualidade; ampliar a proteção social e adotar o diálogo social. Trata-se de uma proposição da OIT de promoção de uma meta global, com desafios regionais e com a finalidade de abranger o trabalho produtivo, em condições de liberdade, igualdade, segurança e dignidade humana, "em completa equivalência ao mandato da Organização estatuído na Declaração de Filadélfia (art. II, a)"[147].

Silvio Beltramelli Neto e Júlia de Carvalho Voltani observam que os objetivos estratégicos foram detalhados na *Memória do Diretor-Geral* com as funcionalidades para promover o Trabalho Decente. No primeiro objetivo, "Os direitos humanos e o trabalho", foram definidas três prioridades: promover a *Declaração da OIT sobre Princípios e Direitos Fundamentais no Trabalho* (1998), incrementar as ações contra o trabalho infantil e renovar as atividades referentes às normas da Organização, a fim de preservar os princípios e direitos inerentes ao trabalho. O segundo objetivo tem por finalidade reduzir a pobreza por meio da criação e do acesso a postos de trabalho de qualidade, com remuneração digna e em condições de igualdade, requisitos indispensáveis ao desenvolvimento social, econômico e pessoal do ser humano[148].

---

(146) BELTRAMELLI NETO, Silvio; VOLTANI, Júlia de Carvalho. Investigação histórica do conteúdo da concepção de trabalho decente no âmbito da OIT e uma análise de sua justiciabilidade. *Revista de Direito Internacional*, Brasília, v. 16, n. 1, p. 166-185, 2019. p. 168.

(147) *Ibid.*, p. 168-169.

(148) OIT - ORGANIZACIÓN INTERNACIONAL DEL TRABAJO. CONFERENCIA INTERNACIONAL DEL TRABAJO. 87ª reunión. *Memoria Del Director General*: Trabajo Decente. Oficina

O terceiro objetivo refere-se à finalidade inicial perseguida pela OIT desde a sua criação: a proteção social e a segurança social destinadas à pessoa humana trabalhadora. O fomento do diálogo social é, na realidade, um resumo do quarto objetivo, que bem reproduz a conformação institucional, com esteio no tripartismo, privilegiando o consenso na busca de soluções duradouras[149]. Na *Memória do Diretor-Geral* de 1999, com a previsão das novas bases de atuação para o século XXI, ficou definida a aposta da OIT no Trabalho Decente.[150]

Sobre a evolução do Trabalho Decente, os autores mencionam a importância da 96ª Conferência Internacional (CIT/2007), quando surge a preocupação sobre a forma como a OIT define o termo, considerando, para tanto, os diferentes países que figuram como Estados-membros da Organização, com níveis desiguais de desenvolvimento. Observam, no entanto, que, mesmo assim, não houve evolução considerável na busca de um conceito mais específico para o termo Trabalho Decente.

Em 2013, a *Memória do Diretor-Geral* à 102ª CIT lançou um compromisso da OIT com as pessoas mais vulneráveis do mundo do trabalho, assim definidas como aquelas em situação de pobreza, trabalhando em condições abusivas e sem os direitos fundamentais de proteção ao trabalho. Incluídas nesse rol de proteção, pessoas humanas trabalhadoras socialmente excluídas, sem acesso a serviços sociais ou a proteções elementares e sem condições mínimas de alcançarem o Trabalho Decente[151].

A partir de setembro de 2015, com a aprovação pela Organização das Nações Unidas do documento intitulado *Transformando Nosso Mundo: A Agenda 2030 para o Desenvolvimento Sustentável*, a concepção de Trabalho Decente voltou a ganhar protagonismo. A ONU estabeleceu no referido documento 17 objetivos e 169 metas a serem atingidas

---

Internacional del Trabajo, Ginebra, jun. 1999, Disponível em: https://www.ilo.org/public/spanish/standards/relm/ilc/ilc87/rep-i.htm. Acesso em: 21 dez. 2021. p. 5.

(149) BELTRAMELLI NETO, Silvio; VOLTANI, Júlia de Carvalho. Investigação histórica do conteúdo da concepção de trabalho decente no âmbito da OIT e uma análise de sua justiciabilidade. *Revista de Direito Internacional*, Brasília, v. 16, n. 1, p. 166-185, 2019. p. 169.

(150) OIT, *op. cit.*

(151) BELTRAMELLI NETO, Silvio; VOLTANI, Júlia de Carvalho. Investigação histórica do conteúdo da concepção de trabalho decente no âmbito da OIT e uma análise de sua justiciabilidade. *Revista de Direito Internacional*, Brasília, v. 16, n. 1, p. 166-185, 2019. p. 171-172.

pelos Estados-membros até o ano de 2030, com vistas à erradicação da pobreza e à promoção de uma vida digna. Entre os 17 Objetivos de Desenvolvimento Sustentável (ODS), o oitavo trata do Trabalho Decente e do crescimento econômico[152].

Com a aprovação da Agenda 2030 da ONU, o Trabalho Decente passou a ser considerado um meio eficaz para o alcance do desenvolvimento sustentável. No documento publicado na 105ª da CIT, a OIT deu-lhe viés de instrumento para resolver situações duradouras e de restauração da coesão social, como no caso dos trabalhadores em territórios árabes ocupados. Nessa mesma linha e na referida Conferência, foi aprovado pela OIT o informe *Emprego e Trabalho Decente: para a paz e a resiliência*, que destacou entre os quatro objetivos do Trabalho Decente a geração de empregos como fator de superação de crises econômicas. A tendência de abordar o Trabalho Decente como medida para enfrentar crises econômicas se estendeu até o ano de 2017[153].

Silvio Beltramelli Neto e Júlia de Carvalho Voltani estabelecem a vinculação histórica da concepção de Trabalho Decente ao conteúdo do documento que reúne diretrizes orientadoras do respeito aos direitos fundamentais nas relações de trabalho, "não se praticando trabalho escravo ou trabalho infantil". Para tanto, o documento estipula as providências indispensáveis para a criação de empregos de qualidade, a ampliação da proteção social e do diálogo social com vistas a deliberações sobre as políticas públicas e as práticas privadas, a fim de que os objetivos sejam alcançados. Nesse contexto, é possível afirmar que o "o trabalho decente enseja um conceito nominal denotativo, conformado por ações direcionadas a certos objetivos"[154].

Em artigo intitulado *A OIT e sua missão de justiça social*, Mauricio Godinho Delgado e Gabriela Neves Delgado discorrem sobre a chamada "fase de diversificação e revisitação da atuação da OIT e o princípio de justiça social". O enfrentamento da globalização econômica, da

---

(152) BELTRAMELLI NETO, Silvio; VOLTANI, Júlia de Carvalho. Investigação histórica do conteúdo da concepção de trabalho decente no âmbito da OIT e uma análise de sua justiciabilidade. *Revista de Direito Internacional*, Brasília, v. 16, n. 1, p. 166-185, 2019. p. 172.

(153) *Ibid.*, p. 173.

(154) *Ibid.*, p. 175-176.

financeirização da economia, da reestruturação produtiva e da precarização das condições de trabalho levou a Organização a ampliar e diversificar sua atuação institucional, empreendendo outros caminhos para o alcance do objetivo de justiça social. Dessa forma, surgiram no final do século XX novos marcos civilizatórios e políticas normativas, com a aprovação, por exemplo, da *Declaração da OIT sobre os Princípios e Direitos Fundamentais no Trabalho*, de 1998, e da *Agenda do Trabalho Decente*, de 1999[155].

Os autores abordam os quatro eixos de princípios e direitos fundamentais no trabalho na Declaração de 1988, ancorados em convenções fundamentais da OIT, a saber: a liberdade de associação e o direito à negociação coletiva (Convenções 87 e 98); a eliminação do trabalho forçado (Convenções 19 e 105); a abolição do trabalho infantil (Convenções 138 e 182) e a eliminação da discriminação no emprego (Convenções 100 e 111). Como visto no capítulo anterior, esses princípios e direitos fundamentais do trabalho são os chamados direitos humanos trabalhistas, uma vez que significam um "piso social" para o mundo do trabalho, como desafio para se fixar um padrão de proteção trabalhista universal para a comunidade internacional[156].

Mauricio Godinho Delgado e Gabriela Neves Delgado observam que a atuação da OIT nessa nova proposta fundamentada no Trabalho Decente ofereceu novos caminhos aos Estados-membros para a adoção de suas próprias Agendas de Trabalho Decente, observadas suas particularidades e necessidades, em forma de "meta móvel e multiforme" da Organização em direção ao princípio da justiça social. A promoção do emprego é uma das plataformas do Trabalho Decente, considerando que o trabalho assalariado é a categoria-chave da atuação institucional da OIT desde a sua fundação. No entanto, a *Memória do Diretor-Geral* de 1999 tem uma perspectiva bem mais abrangente, orientando-se para os trabalhadores em geral, assalariados ou não, como destinatários de proteção social, sem a condição de trabalho no mercado de trabalho formal e estruturado.[157]

Ao analisar o paradigma do Trabalho Decente da OIT, os referidos autores afirmam que, desde a década de 1990, a Organização vem procurando responder aos desafios da globalização ao instituir

---

(155) DELGADO, Mauricio Godinho; DELGADO, Gabriela Neves. A OIT e sua Missão de Justiça Social. *Revista Pensamento Jurídico*, São Paulo, vol. 13, n. 2, [p. 1-24], jul./dez. 2019.

(156) *Ibid.*, p. 12-13.

(157) *Ibid.*, p. 14-15.

novas formas de atuação normativa[158]. Assim, a OIT altera o centro originalmente adotado, mais concentrado em convenções e recomendações internacionais, e passa a direcionar a sua atividade também para as "políticas de promoção e fomento". Os maiores exemplos são a *Declaração da OIT sobre Princípios e Direitos Fundamentais* (1998) e a *Agenda do Trabalho Decente* (1999), consideradas como "marcos civilizatórios dessa nova fase normativa, política e institucional da OIT"[159].

Os autores se reportam também ao conceito central de Trabalho Decente da OIT, sintetizando em sua missão histórica a promoção de oportunidades a homens e mulheres para que trabalhem com segurança, dignidade, equidade e liberdade, condições fundamentais para superação da pobreza e a redução das desigualdades sociais, o que é imprescindível para a democracia e o desenvolvimento com sustentabilidade. Asseveram que, mesmo diante da falta de clareza do termo Trabalho Decente e de sua concepção, ou, ainda, de seu conteúdo aberto, aspectos comentados por alguns autores, existe consenso em torno da importância dos princípios e enunciados da referida declaração da OIT e da *Agenda do Trabalho Decente* para o estabelecimento de um "patamar mínimo a ser observado"[160].

A conceituação de Trabalho Decente é abordada por Márcia Regina Castro Barroso[161]. Ela considera que esse sistema agregado possibilitou uma alteração do direcionamento da OIT do ponto de vista de sua atuação, representando uma espécie de resposta a questionamentos a que a Organização estava sendo submetida. Dessa forma, por meio do Programa Trabalho Decente foi possível uma redefinição do cenário internacional, assumindo um novo direcionamento e reagrupando seus escritórios estruturados em diversos países do mundo em torno desta temática. A *Agenda do Trabalho Decente*, objetivando a articulação das prioridades da OIT pela via dos objetivos estratégicos (normas e princípios fundamentais do trabalho, emprego, proteção social e diálogo social), reúne condições de

---

(158) DELGADO, Mauricio Godinho; DELGADO, Gabriela Neves. A Declaração de 1998 da OIT sobre os Princípios e Direitos Fundamentais no Trabalho: parâmetros de um marco civilizatório e regulatório para os Direitos Humanos dos Trabalhadores. *Revista da Associação Brasileira de Advogados Trabalhistas* – ABRAT, Belo Horizonte, RTM, ano 6, n. 6, p. 151-170, jan./dez. 2019.

(159) *Ibid.*, p. 165.

(160) *Ibid.*, p. 165-169.

(161) BARROSO, Márcia Regina Castro. O "Trabalho Decente" e os Desafios da Contemporaneidade. *In*: PESSANHA, Elina Gonçalves da Fonte *et al.* (org.). *OIT 100 anos*: ações, impasses e perspectivas. Rio de Janeiro: Lumen Juris, 2020. p. 39-57.

se aproximar cada vez mais do compromisso de justiça social que norteou a sua criação, direcionado para os direitos humanos fundamentais da pessoa humana no trabalho[162].

Para a autora, é perceptível que o conceito de Trabalho Decente adquire vida própria e passa a integrar "os planos e o ideário de outras instituições de interesse do mundo do trabalho". Essa ideia, que de início resulta de promoção da OIT, aos poucos vem se transformando em ponto de reflexão no mundo do trabalho[163]. A iniciativa comprova ainda a capacidade da Organização em desenvolver e disseminar o conteúdo do Trabalho Decente, com o poder de alcançar instituições, entes privados e a sociedade civil nacional e internacional. Esta Agenda vem se transformando em importante ponto de reflexão para o fomento de práticas democráticas e relevantes políticas públicas[164].

A noção de Trabalho Decente está presente no texto do *Pacto Internacional de Direitos Econômicos, Sociais e Culturais* (PIDESC), adotado em Assembleia-Geral pela ONU em 1966, como se vê da literalidade de seu art. 7º, assim redigido: "Os Estados-membros [...] reconhecem o direito de toda pessoa de gozar de condições de trabalho justas e favoráveis, que asseguram [...] existência decente para eles e suas famílias"[165]. A relevância da *Declaração sobre os Princípios e Direitos Fundamentais no Trabalho* (OIT/1998) e a essencialidade de seu conteúdo apontam necessariamente para novos rumos de atuação da Organização. O objetivo é contemplar as metas da *Agenda do Trabalho Decente*, com destaque para a eliminação de todas as formas de trabalho forçado, a erradicação do trabalho infantil, a eliminação da discriminação no emprego e o fortalecimento da negociação coletiva[166].

A aprovação pela OIT da referida *Declaração sobre Princípios* é um importante instrumento para a execução, em um passo seguinte, do Trabalho Decente no mundo. É relevante a iniciativa e o incentivo da

---

(162) BARROSO, Márcia Regina Castro. O "Trabalho Decente" e os Desafios da Contemporaneidade. *In*: PESSANHA, Elina Gonçalves da Fonte *et al.* (org.). *OIT 100 anos*: ações, impasses e perspectivas. Rio de Janeiro: Lumen Juris, 2020. p. 39-57.p. 46-47.

(163) *Ibid.*, p. 49.

(164) *Ibid.*, p. 50-55.

(165) ARANTES, Delaíde Alves Miranda. A reforma trabalhista e seus impactos nas condições de trabalho decente. *In*: FARIAS, James Magno Araújo (org.). *Trabalho Decente*. São Paulo: LTr, 2017. p. 43-48.

(166) *Ibid.*, p. 46-48.

OIT direcionados à implementação de suas políticas de ação, embora a proteção dos direitos humanos trabalhistas se constitua em papel principal de cada Estado-membro. Isso não somente como possibilidade, mas na condição de dever propiciar as condições para o trabalho digno no interior de cada país. O conceito de Trabalho Decente deve considerar a dignidade da pessoa humana, que no Brasil, por exemplo, é destacada na Constituição da República Federativa do Brasil de 1988[167].

Ao discorrer sobre as normas internacionais referentes ao Direito do Trabalho, Leonardo Vieira Wandelli[168] analisa a *Agenda do Trabalho Decente* como parte da política macro que desenvolve, englobando os alicerces do respeito às normas internacionais do trabalho, seus princípios e direitos fundamentais reafirmados na Declaração de 1998. O autor ainda refere-se à promoção do emprego de qualidade; ao alargamento da abrangência da proteção social e ao fortalecimento e à promoção do diálogo social. E realça que o grande mérito da referida agenda é a organização de uma "macropolítica diversificada" albergando vários níveis de atores sociais e governos de todo o mundo. Desse modo, a estratégia inicial, clássica da OIT, concentrada na emissão de controle normativo, é suplantada por uma atuação "mais integrada e promocional", com maior eficácia do ponto de vista da consolidação das ações necessárias para a promoção do Trabalho Decente[169].

O autor observa, no entanto, a deficiência do próprio conceito de Trabalho Decente, merecendo ampliação, segundo sua análise, em quatro aspectos específicos. O primeiro acréscimo sugerido se refere a um leque de normas internacionais básicas mais extenso do que as relacionadas na Declaração de 1998, a fim de abranger um conjunto maior de conteúdos mínimos de proteção do Direito do Trabalho. Exemplifica sugerindo acrescer ao raio delimitado de proteção expressa as Convenções da OIT ns. 122, 158 e 168, assim como normativas da ONU, principalmente a *Declaração Universal de Direitos Humanos* (DUDH), de 1948, e o *Pacto Internacional sobre os Direitos Econômicos, Sociais e Culturais* (PIDESC), de

---

(167) ARANTES, Delaíde Alves Miranda. A reforma trabalhista e seus impactos nas condições de trabalho decente. *In*: FARIAS, James Magno Araújo (org.). *Trabalho Decente*. São Paulo: LTr, 2017. p. 47.

(168) WANDELLI, Leonardo Vieira. *O Direito Humano e Fundamental ao Trabalho*: Fundamentação e Exigibilidade. São Paulo: LTr, 2012. p. 229-235.

(169) *Ibid.*, p. 234.

1966, "as quais englobam o direito do trabalho e as condições justas e favoráveis, assim como a uma remuneração justa"[170].

A segunda ampliação refere-se ao conceito de Trabalho Decente, em decorrência da omissão quanto a "níveis elementares do direito ao conteúdo do próprio trabalho, aí compreendido o direito a uma atividade laborativa e a uma organização do trabalho saudável". Outra deficiência apontada pelo autor concerne ao princípio do diálogo social, deixando a OIT de abranger especificamente a participação democrática e dialogada no interior da própria organização, onde ainda impera o "princípio autoritário-proprietário". Considera ainda a importância de ser inserido no conceito básico de Trabalho Decente o aclaramento da proteção decorrente de riscos sociais[171].

Ao analisar a *Declaração de Princípios* (1998) da OIT, Luciane Cardoso Barzotto afirma que o passo seguinte à sua aprovação foi a adoção da *Agenda do Trabalho Decente* (1999) em nível mundial, fixando direitos fundamentais no trabalho, estabelecendo o sentido dos direitos humanos dos trabalhadores, especificando esses direitos, além de outros antes reafirmados. A *Agenda do Trabalho Decente* é parte da missão da OIT de melhoria da situação da pessoa humana trabalhadora e do fomento de oportunidades de trabalho digno. A autora pondera ainda que, na avaliação da própria Organização, o Trabalho Decente resulta em maior produtividade, favorecendo o crescimento econômico. Existe na OIT a avaliação de que não é possível deixar as condições de trabalho e dos direitos dos trabalhadores sem regulação e na dependência do mercado. Isso agravaria ainda mais a desigualdade de acesso a benefícios e garantias dentro de cada país, por parte dos trabalhadores e trabalhadoras[172].

O conceito de trabalho passou por grandes transformações nesses dois séculos e meio desde o surgimento do capitalismo moderno. As circunstâncias após a Segunda Guerra Mundial passaram a exigir um novo padrão de direitos e de práticas trabalhistas. No entanto, a partir do final do século XX, com a globalização e com o neoliberalismo, aumentaram os ataques diretos ao Estado Social, provocando maior

---

(170) WANDELLI, Leonardo Vieira. *O Direito Humano e Fundamental ao Trabalho*: Fundamentação e Exigibilidade. São Paulo: LTr, 2012. p. 234-235.

(171) *Ibid.*, p. 235.

(172) BARZOTTO, Luciane Cardoso. *Direitos Humanos e Trabalhadores*: atividade normativa da Organização Internacional do Trabalho. Porto Alegre: Livraria do Advogado, 2007. p. 126-127.

precarização do trabalho e afetando as metas de justiça social da OIT em escala mundial. Diante desse cenário, a *Declaração de Princípios* (1998) e a *Agenda do Trabalho Decente* (1999) trouxeram como contribuição seus alicerces fundados na meta de recuperação da dignidade no trabalho. Trata-se de prioridade mundial e uma forma de resposta à regressão dos direitos sociais.

A partir de setembro de 2015, com a aprovação pela ONU do documento intitulado *Transformando Nosso Mundo: A Agenda 2030 para o Desenvolvimento Sustentável*, a concepção de Trabalho Decente ganhou ainda maior destaque e mais protagonismo.

Com efeito, problemas crescentes na sociedade aprofundados pela pandemia como o desemprego, a precariedade dos contratos de trabalho, a negativa de acesso a direitos sociais como moradia, alimentação, educação e saúde, além dos crescentes ataques ao meio ambiente, podem despertar a urgência da incorporação de novas normas internacionais ao conteúdo mínimo de proteção social até então existente.

Recentemente, em junho de 2022, a Conferência Internacional do Trabalho (CIT) adotou Resolução visando adicionar o princípio de um ambiente de trabalho seguro e saudável aos Princípios e Direitos Fundamentais no Trabalho da Organização Internacional do Trabalho (OIT).

Assim, passaram a ser fundamentais a Convenção n. 155, sobre Segurança e Saúde dos Trabalhadores, do ano de 1981 e a Convenção n. 187, do Quadro Promocional para a Segurança e Saúde Ocupacional, do ano de 2006. Como resultado da referida decisão, todos os Estados-membros da OIT "se comprometem a respeitar e promover o direito fundamental a um ambiente de trabalho seguro e saudável, tenham ou não ratificado as Convenções relevantes"[173].

A ampliação do conjunto de normas internacionais relacionadas na Declaração de 1998 é decorrência lógica da própria evolução do conteúdo do conceito de Trabalho Decente: quando o mundo e as relações de trabalho se transformam, os trabalhadores se organizam

---

(173) OIT – ORGANIZAÇÃO INTERNACIONAL DO TRABALHO. *Conferência Internacional do Trabalho acrescenta segurança e saúde aos Princípios e Direitos Fundamentais no Trabalho.* Disponível em: https://www.ilo.org/brasilia/noticias/WCMS_848148/lang--pt/index.htm. Acesso em: 18 jun. 2022.

em busca de mais proteção e direitos, que passam a ser reconhecidos pela sociedade como essenciais à dignidade humana e devem ser incorporados como exigências mínimas de proteção do Direito do Trabalho.

2.2 Trabalho Decente como marco civilizatório

Os indicadores da *Declaração de Princípios da Organização Internacional do Trabalho* (1998) como marco civilizatório e regulatório são analisados por Mauricio Godinho Delgado e Gabriela Neves Delgado[174]. Ponderam os autores que, desde a década de 1990, a Organização vem acumulando esforços para a definição de uma nova matriz de políticas normativas "com suporte em instrumentos de *soft law*", complementando assim a tradicional ação normativa lastreada em convenções e outras normas pela adesão formal pelos Estados-membros[175].

Dessa forma, a OIT alterou a sua matriz de origem consistente na discussão, aprovação e aplicação de convenções internacionais e passou a investir também em "políticas de promoção e fomento". Na sequência dessa nova política, a Organização aprovou, no ano seguinte, a *Agenda do Trabalho Decente*. Os autores indicam que essas são as demarcações civilizatórias mais significativas da nova fase normativa inaugurada como política institucional[176].

O Trabalho Decente está sintetizado na missão histórica da OIT de promoção de oportunidades para homens e mulheres trabalhadoras, abrangendo o trabalho com liberdade, qualidade, produtividade, segurança em condições de dignidade humana. Assim, a referida Agenda visa alcançar ainda as condições fundamentais de superação da pobreza e de redução das desigualdades sociais, com vistas ao desenvolvimento sustentável[177].

A *Agenda do Trabalho Decente* foi construída em torno de objetivos estratégicos voltados à promoção de direitos humanos trabalhistas. Inclui

---

(174) DELGADO, Mauricio Godinho; DELGADO, Gabriela Neves. A Declaração de 1998 da OIT sobre os Princípios e Direitos Fundamentais no Trabalho: parâmetros de um marco civilizatório e regulatório para os Direitos Humanos dos Trabalhadores. *Revista da Associação Brasileira de Advogados Trabalhistas* – ABRAT, Belo Horizonte, RTM, ano 6, n. 6, jan./dez. 2019. p. 151-169.

(175) *Ibid.*, p. 164.

(176) *Ibid.*, p. 165.

(177) *Ibid.*, p. 165-166.

as metas de ampliação da proteção social, de novas oportunidades de trabalho, do enfrentamento de situações de vulnerabilidade no trabalho e da promoção do diálogo social, o que permitiu abranger proteção e direitos que não foram expressamente incluídos na *Declaração de Princípios e Direitos Fundamentais* de 1998[178].

Em artigo intitulado *Instituições Judiciais Trabalhistas Brasileiras e OIT*, Karen Artur ressalta a influência da OIT na formação das normativas trabalhistas brasileiras. Nas últimas décadas, a Organização vem estimulando instituições e atores sociais a adotar suas políticas por meio de programas e projetos. A autora exemplifica sua formulação citando, entre outras políticas da instituição, a *Agenda do Trabalho Decente*[179].

Karen Artur considera as diretrizes da *Declaração de Princípios* (1998) e da *Agenda do Trabalho Decente* (1999) como marcos civilizatórios e regulatórios. Em seu estudo, ela se reporta às recentes alterações da legislação trabalhista brasileira, perpetradas pela Lei n. 13.467/17, em vigor desde novembro de 2017. A referida norma ocasionou mudanças na definição do Direito do Trabalho e de seu sistema protetivo, afetando direitos fundamentais dos trabalhadores, sobretudo os assegurados na CRFB/88. Em face dessa realidade, é imprescindível a busca da proteção das normas internacionais do trabalho a fim de enfrentar essas e outras mudanças impostas pelo mercado em suas reiteradas tentativas de redução da proteção social[180].

No estudo *A OIT e sua missão de justiça social*, publicado no transcurso de centenário da OIT, Mauricio Godinho Delgado e Gabriela Neves Delgado analisam a trajetória da instituição desde a sua criação, no ano de 1919, pelo *Tratado de Versalhes*, e o relevante papel do princípio da justiça social[181]. Afirmam, em conclusão, que "a OIT procurou enfrentar

---

(178) DELGADO, Mauricio Godinho; DELGADO, Gabriela Neves. A Declaração de 1998 da OIT sobre os Princípios e Direitos Fundamentais no Trabalho: parâmetros de um marco civilizatório e regulatório para os Direitos Humanos dos Trabalhadores. *Revista da Associação Brasileira de Advogados Trabalhistas* – ABRAT, Belo Horizonte, RTM, ano 6, n. 6, jan./dez. 2019.p. 165-166.

(179) ARTUR, Karen. Instituições Judiciais Trabalhistas Brasileiras e OIT: entre Avanços e Recuos. *In*: PESSANHA, Elina Gonçalves da Fonte *et al.* (org.). *OIT 100 anos*: ações, impasses e perspectivas. Rio de Janeiro: Lumen Juris, 2020. p. 25-36.

(180) *Ibid.*, p. 25-26.

(181) DELGADO, Mauricio Godinho; DELGADO, Gabriela Neves. A OIT e sua Missão de Justiça Social. *Revista Pensamento Jurídico*, São Paulo, vol. 13, n. 2, [p. 1-24], jul./dez. 2019. p. 151-170.

os desafios infligidos pelo sistema capitalista ao mundo do trabalho, desafiando-se, em uma perspectiva pluralista do Direito, a expandir as suas bases normativas"[182]. Enfatizam a influência e a força do princípio, na condição de comando propulsor para o avanço e o desenvolvimento da OIT, bem como para a "conformação de parâmetros civilizatórios", como um guia de suas ações nas esferas política, jurídica e institucional[183].

Os autores discorrem sobre a fase que marca a diversificação da política de atuação da OIT, a partir do avanço da globalização e do liberalismo, com profundos efeitos de precarização nas relações de trabalho em nível nacional e internacional. Assim, são apresentados enormes desafios para a Organização, instigando-a a buscar novos caminhos de atuação, a fim de dar eficácia à razão motriz de sua criação: a *justiça social*. Nesse cenário, surgem "novos marcos civilizatórios com assento na justiça social", que são os documentos da OIT exemplificados pelas declarações de princípios e de direitos[184].

Nessa mesma linha, foi aprovada, em 1998, na 86ª CIT, a *Declaração sobre os Princípios e Direitos Fundamentais no Trabalho*. Observa-se que esse instrumento tem um rico conteúdo humanístico e constitui um importante "marco regulatório", definindo a alteração de rumos da atuação normativa da OIT por meio de declarações, indo além das tradicionais convenções internacionais, que dependem de adoção formal pelos Estados-membros[185].

A declaração em referência se sustenta em quatro eixos de princípios e direitos fundamentais no trabalho, com apoio em convenções internacionais da OIT, as chamadas convenções fundamentais. Esses eixos são reconhecidos como direitos humanos trabalhistas, por se constituírem em uma forma de piso ou mínimo existencial para os trabalhadores. Trata-se de tentativa da Organização de criar "um padrão universal de proteção trabalhista para a comunidade internacional"[186].

---

(182) DELGADO, Mauricio Godinho; DELGADO, Gabriela Neves. A OIT e sua Missão de Justiça Social. *Revista Pensamento Jurídico*, São Paulo, vol. 13, n. 2, [p. 1-24], jul./dez. 2019. p. 170.
(183) *Ibid.*, p. 424-445.
(184) *Ibid.*, p. 427.
(185) *Ibid.*, p. 436.
(186) *Ibid.*, p. 437.

O passo seguinte da nova fase foi o anúncio do Diretor-Geral da OIT acerca da adoção da *Agenda do Trabalho Decente*, como meta da Organização "direcionada pelo princípio de justiça social", o que se deu na 87ª CIT (1999), tornando-se referência para a atuação da OIT no século XXI. Mauricio Godinho Delgado e Gabriela Neves Delgado enfatizam também que o Programa Trabalho Decente possibilitou aos Estados-membros a elaboração de agendas próprias de acordo com as necessidades e particularidades internas, podendo levar em conta inclusive o estágio de desenvolvimento de cada um deles[187].

Para além do marco civilizatório e regulatório da *Agenda do Trabalho Decente* para os direitos humanos e fundamentais trabalhistas, os autores ressaltam a importância de outro documento da OIT aprovado no ano de 2002, a *Declaração Tripartite sobre Empresas Multinacionais e Política Social*. Esse documento foi destinado à regulamentação de condutas, de condições de vida e de trabalho e orientações relativas à política social, destinadas mais especificamente às relações com os países-membros onde as empresas multinacionais se instalarem[188].

No ano de 2008, foi aprovada pela 97ª CIT a *Declaração da OIT Sobre Justiça Social para uma Globalização Justa*, com a reafirmação dos valores e princípios de constituição da Organização, visando ao alcance da justiça social e do progresso do trabalho, no enfrentamento do avanço da globalização e da precarização do trabalho no mundo. Os autores realçam ainda a importância da adoção formalizada da *Declaração do Centenário da OIT para o Futuro do Trabalho* (2019), reafirmando a sua missão de justiça social e também a sua referência de atuação para o segundo século de sua existência[189].

Outro importante documento internacional aprovado no mesmo ano foi o *Relatório Trabalhar para um Futuro Melhor*, elaborado pela Comissão Mundial sobre o Futuro do Trabalho, designada pela Organização.[190]

---

(187) DELGADO, Mauricio Godinho; DELGADO, Gabriela Neves. A OIT e sua Missão de Justiça Social. *Revista Pensamento Jurídico*, São Paulo, vol. 13, n. 2, [p. 1-24], jul./dez. 2019. p. 437-438.

(188) *Ibid.*, p. 428.

(189) *Ibid.*, p. 439-440.

(190) OIT - ORGANIZAÇÃO INTERNACIONAL DO TRABALHO. Comissão Global sobre o Futuro do Trabalho. *Trabalho para um futuro mais brilhante*. Genebra: OIT, 2019.

O objetivo do *Relatório Trabalhar para um Futuro Melhor* (2019) foi oferecer bases fundamentadas para a concretização da justiça social no século XXI, considerando que, em nível global, o mundo do trabalho enfrenta profundas transformações e desafios. Esse cenário é resultado dos inúmeros obstáculos à concretização dos direitos sociais impostos pelo avanço da globalização e do neoliberalismo.

Sobre o relatório em comento, bem como sobre suas recomendações, Ney Maranhão e Thiago Amaral Costa Savino analisam seu conteúdo realizando uma síntese[191]. Para os autores, trata-se de uma aposta da OIT em uma agenda centrada na pessoa humana trabalhadora, por meio da qual "[...] governos, empresas e trabalhadores assumirão a responsabilidade comum de construir um futuro do trabalho justo e equitativo, permeado pelo diálogo social". Pode-se extrair das diretrizes do documento o objetivo da revitalização do contrato social, com a centralidade nas pessoas humanas, nas políticas sociais e econômicas e nas práticas empresariais[192].

O *Relatório Trabalhar para um Futuro Melhor* é subdividido em três títulos principais: Aproveitar o Momento, Realizar o Contrato Social e Assumir a Responsabilidade. O primeiro deles, intitulado "Aproveitar o Momento"[193], traduz a aspiração de reforma do contrato social por meio da efetivação de uma agenda que tenha no centro os trabalhadores e trabalhadoras, como pessoas humanas, com a finalidade de construir um mundo do trabalho justo, digno e com igualdade. Com isso, propicia a inserção dos trabalhadores e trabalhadoras no progresso econômico, alcançando o objetivo de justiça social que é buscado pela OIT desde a sua instituição, em 1919[194].

O Trabalho Decente como marco civilizatório é parte do estudo de Sayonara Grillo e Thiago Patrício Gondim sobre o futuro do trabalho,

---

(191) MARANHÃO, Ney; SAVINO, Thiago Amaral Costa. O Futuro do Trabalho sob o olhar da OIT: análise do Relatório "Trabalhar para um Futuro Melhor". *In*: ROCHA, Cláudio Jannotti *et al.* (org.). *A Comunicabilidade do Direito Internacional do Trabalho e o Direito do Trabalho Brasileiro*. Vol. 2. São Paulo: Tirant lo Blanch, 2020. (Coleção Internacional do Trabalho). E-book. p. 53-69.
(192) *Ibid.*, p. 55-56.
(193) *Ibid.*, p. 53-69. p. 56.
(194) *Ibid.*, p. 66.

realizado a partir do *Relatório Trabalhar para um Futuro Melhor* (2019). Os autores rememoram que o documento foi elaborado pela Comissão Global sobre o Futuro do Trabalho, integrada por políticos e especialistas a convite da OIT. A iniciativa estava contida na série de ações promovidas nos últimos anos pela Organização, inserida nos diálogos com a ONU, em torno de seu documento *Transformando Nosso Mundo: Agenda 2030 para o Desenvolvimento Sustentável* (2015). Trata-se de proposição de metas e objetivos visando à concretização do desenvolvimento sustentável, incluída a "garantia de trabalho decente para todos"[195].

Os autores abordam a trajetória da OIT, desde a sua criação até o centenário, no ano de 2019[196]. Analisam documentos sinalizadores da mudança de rumos na sua atuação ao longo do tempo, como a *Declaração de Princípios* (1998). Entendem pela relevância da formulação para os direitos fundamentais no trabalho e, ainda, por expressarem o compromisso dos Estados-membros para aplicação universal dos direitos à liberdade sindical, à negociação coletiva, à eliminação do trabalho forçado, do trabalho infantil e da discriminação no emprego[197].

A respeito da *Declaração sobre Justiça Social para uma Globalização Equitativa* (2008), Sayonara Grillo e Thiago Patrício Gondim ponderam que a sua adoção pela OIT se deu em resposta a diversos eventos relativos à globalização e à crise econômica iniciada em 2008, com o acirramento dos problemas oriundos da liberalização econômica colocada em prática pelo neoliberalismo. Somam-se a isso o agravamento das desigualdades (de riqueza, de salário e acesso ao mercado de trabalho), a precarização dos empregos e a baixa empregabilidade, com reflexos nos países-membros, internamente e em nível global[198].

Os autores realçam a importância da colocação em prática do Programa Trabalho Decente, em escala nacional e internacional. Essa agenda é reafirmada na *Declaração sobre Justiça Social para uma Globalização Equitativa*. Trata-se de reforço para o objetivo de justiça social com uma

---

(195) GRILLO, Sayonara; GONDIM, Thiago Patrício. A OIT e o Futuro do Trabalho: Notas sobre a Atuação da Instituição e seus Limites. *In*: PESSANHA, Elina Gonçalves da Fonte *et al.* (org.). *OIT 100 anos*: ações, impasses e perspectivas. Rio de Janeiro: Lumen Juris, 2020. p. 7-23.

(196) *Ibid.*, p. 8-12.

(197) *Ibid.*, p. 12-13.

(198) *Ibid.*, p. 13.

globalização justa, princípios que devem orientar todas as políticas de desenvolvimento, com a ratificação do espírito da *Declaração de Filadélfia* no século XX[199].

A escolha do futuro do trabalho pela OIT como tema de seu centenário se deu em razão do diálogo institucional da ONU em torno da Agenda 2030, estabelecendo em seu 8º Objetivo de Desenvolvimento Sustentável (ODS), "Trabalho decente e crescimento econômico", a meta de "promover o crescimento econômico sustentado, inclusivo e sustentável, emprego pleno e produtivo e trabalho decente para todos (ONU/ODS8)"[200].

Como parte da primeira fase do plano, 110 Estados-membros da Organização realizaram diálogos tripartidos a respeito do futuro do trabalho, considerando as quatro dimensões que o *Relatório Trabalhar para um Futuro Melhor* identifica, quais sejam: trabalho e sociedade; Trabalho Decente para todas as pessoas; organização do trabalho e da produção e governança do trabalho. Os autores lembram que a OIT promoveu, no Brasil, quatro Diálogos Nacionais Tripartites, entre 2016 e 2017, com a participação de órgãos públicos e privados, universidades públicas, o Departamento Intersindical de Estatística e Estudos Socioeconômicos (DIEESE), o Instituto de Pesquisa Econômica Aplicada (IPEA) e o Instituto Brasileiro de Geografia e Estatística (IBGE)[201].

A segunda fase foi marcada pela criação da Comissão Mundial sobre o Futuro do Trabalho, em agosto de 2017, com a finalidade de elaborar um relatório, o qual foi lançado em janeiro de 2019, sob o título *Trabalhar para um Futuro Melhor*. O documento traz a diretriz de "uma agenda centrada no ser humano para o futuro do trabalho", em três pilares de ações, a saber: aumentar o investimento nas capacidades das pessoas; nas instituições do trabalho para garantia do futuro do trabalho e no Trabalho Decente e sustentável. Ao final, foi encaminhado pelo Diretor-Geral à 108ª CIT (2019), a fim de servir de subsídio aos debates da Conferência e contribuir para a *Declaração do Centenário da Organização*[202].

---

(199) GRILLO, Sayonara; GONDIM, Thiago Patrício. A OIT e o Futuro do Trabalho: Notas sobre a Atuação da Instituição e seus Limites. *In*: PESSANHA, Elina Gonçalves da Fonte *et al.* (org.). *OIT 100 anos*: ações, impasses e perspectivas. Rio de Janeiro: Lumen Juris, 2020. p. 7-23.

(200) *Ibid.*, p. 14.

(201) *Ibid.*, p. 14.

(202) *Ibid.*, p. 7-23. *loc. cit.*

Os autores indicam alguns pontos críticos sobre a atuação da OIT como contribuição para pesquisas futuras. O primeiro se refere aos desafios enfrentados especialmente a partir da década de 1990 e que perduram ainda neste século, com o avanço da política neoliberal. Outra questão para se assegurar a eficácia do sistema do Direito Internacional do Trabalho (DIT) está na forma de estruturação do sistema tripartite (governos e representações de empregados e de empregadores), uma das bases estruturantes do funcionamento da OIT, com esferas limitadas aos territórios de cada nação e sem os efeitos de vinculação das normas emitidas pela Organização[203].

As normas do DIT não vinculam as empresas transnacionais, organizações essas que são atores fortes na globalização econômica, com grande poder tecnológico, econômico e político. São detentoras de riquezas superiores ao Produto Interno Bruto (PIB) de muitos países, e "deveriam ser responsabilizadas diretamente por violações aos direitos humanos dos trabalhadores em escala global". Observam os autores ainda ser esse um fator de enfraquecimento dos mecanismos de controle da OIT, somados à ocorrência de determinadas ações conjuntas de governos e representantes de empregadores, com vistas a impedir a regulação de questões atuais relevantes, resultando em "bloqueios institucionais" que acabam por impedir o avanço de demandas importantes para o futuro do trabalho e em favor dos trabalhadores[204].

A segunda observação é a de que, mesmo a OIT mantendo um diálogo institucional com a Organização das Nações Unidas sobre a Agenda 2030, ela não participa do debate promovido pelo Conselho de Direitos Humanos da ONU. Trata-se da "formulação de tratados vinculantes em matéria de direitos humanos com o objetivo de promover a regulação da atuação das empresas transnacionais", debate esse que é fundamental para o objetivo de justiça social e a implementação do trabalho decente[205].

Como proposição, Sayonara Grillo e Thiago Patrício Gondim indicam que se faça uma análise do Decreto n. 10.088/2019 do Executivo Federal brasileiro, de compilação das Normas Internacionais do Trabalho

---

(203) GRILLO, Sayonara; GONDIM, Thiago Patrício. A OIT e o Futuro do Trabalho: Notas sobre a Atuação da Instituição e seus Limites. *In*: PESSANHA, Elina Gonçalves da Fonte *et al.* (org.). *OIT 100 anos*: ações, impasses e perspectivas. Rio de Janeiro: Lumen Juris, 2020. p. 17.

(204) *Ibid.*, p. 17-18.

(205) *Ibid.*, p. 18.

(NIT) da OIT, ratificadas pelo País desde o início do século XX. Em suas disposições finais, o referido decreto afirma que as convenções anexas deverão ser executadas e cumpridas integralmente em seus termos, embora sujeitos à aprovação do Congresso Nacional qualquer ato que resulte em revisão destas convenções ou que requeira ajustes complementares por acarretarem encargos ou compromissos onerosos ao patrimônio nacional, de acordo com o inciso I do *caput* do art. 49 da Constituição Federal.

Os autores ponderam que, embora o decreto traga regras para aplicação dessas normas, interferindo em sua efetividade e interpretação, é fundamental que a OIT dissemine os direitos trabalhistas e seus institutos, "ampliando mecanismos, políticos e instrumentos necessários para construir outro mundo possível, neste século XXI [...] com dignidade e justiça social [...]"[(206)].

No mesmo ano de 2019, a OIT aprovou, em sua 108ª CIT, o documento intitulado *Declaração do Centenário*, parte integrante do chamado *Documento final do Centenário da OIT* (Relatório IV, quarto ponto da ordem dos trabalhos, Bureau Internacional do Trabalho)[(207)]. O primeiro ponto contém os antecedentes da elaboração da proposta de *Declaração do Centenário*. No item n. 1, a Organização observa que esse é um momento para celebrar e olhar para as conquistas passadas, mas é também uma "oportunidade única" de planejar o futuro no início de seu segundo século de existência e de reafirmar a relevância do "mandato de justiça social da OIT e da Agenda do Trabalho Digno, bem como para traçar um caminho que permitirá à Organização enfrentar novos desafios"[(208)].

No item n. 2 da Declaração, a OIT rememora as iniciativas do centenário registradas no Relatório da 102ª CIT (2013). Após a referência a cada uma das sete propostas enumeradas pelo Diretor-Geral naquele ano, consta o registro de que o elemento central das atividades de comemoração é a "Iniciativa sobre o Futuro do Trabalho"[(209)].

---

(206) GRILLO, Sayonara; GONDIM, Thiago Patrício. A OIT e o Futuro do Trabalho: Notas sobre a Atuação da Instituição e seus Limites. *In*: PESSANHA, Elina Gonçalves da Fonte *et al*. (org.). *OIT 100 anos*: ações, impasses e perspectivas. Rio de Janeiro: Lumen Juris, 2020. p. 18.

(207) OIT - ORGANIZAÇÃO INTERNACIONAL DO TRABALHO. Bureau Internacional do Trabalho. *Documento final do Centenário*: Quarto ponto da ordem de trabalho. Genebra: OIT, 2019.

(208) "1) a Iniciativa sobre a Governação; 2) a Iniciativa sobre as Normas; 3) a Iniciativa Verde; 4) a Iniciativa sobre as Empresas; 5) a Iniciativa sobre a Erradicação da Pobreza; 6) a Iniciativa sobre as Mulheres no Trabalho e 7) a Iniciativa sobre o Futuro do Trabalho." (Ibid., p. 1)

(209) *Ibid.*, p. 1.

A relevância da "Iniciativa sobre o Futuro do Trabalho" está registrada no primeiro ponto do *Documento Final do Centenário*. Em quatro de seus itens (ns. 3, 4, 5 e 6) estão relacionados os principais momentos de sua reafirmação. As discussões para a *Declaração do Centenário* pela 108ª CIT de 2019 tiveram início em 2013. Em continuidade, na 104ª CIT, em 2015, foram apresentados os resultados dos debates tripartites da primeira fase. As discussões ocorreram no âmbito de mais de 110 Estados-membros. O lançamento da Comissão Mundial sobre o Futuro do Trabalho ocorreu na segunda fase, em agosto de 2017[210].

A *Declaração do Centenário* é perscrutada por Luciane Cardoso Barzotto[211]. A autora relembra a declaração do Preâmbulo da Constituição da OIT com o registro de que os objetivos da Organização Internacional do Trabalho só podem ser atingidos "considerando-se que a paz universal e permanente só pode basear-se na justiça social". O conceito de paz não é tão somente ausência de conflitos, mas a estruturação de uma comunidade global justa, alicerçada no trabalho digno e na proteção da pessoa humana trabalhadora.[212]

Assim, olhando para o passado construído, é possível vislumbrar o que a justiça social trouxe ao mundo do trabalho. Nessa perspectiva, foi elaborada a *Declaração do Centenário*, com o conteúdo de reiteração da opção da OIT desde o início pela centralidade da pessoa humana no enfrentamento dos grandes desafios do futuro do trabalho no mundo. A autora analisa o documento em estudo, o qual é dividido em quatro partes[213].

Na primeira, aborda-se o futuro do trabalho e sua concentração no ser humano, a despeito do crescimento da tecnologia e do avanço desses recursos para o trabalho. Luciane Cardoso Barzotto transcreve, em seu

---

(210) OIT - ORGANIZAÇÃO INTERNACIONAL DO TRABALHO. Bureau Internacional do Trabalho. *Documento final do Centenário*: Quarto ponto da ordem de trabalho. Genebra: OIT, 2019. p. 2.

(211) BARZOTTO, Luciane Cardoso. Declaração do Centenário da OIT de 2019 – ILO Centenary Statement 2019. In: ROCHA, Cláudio Jannotti *et al.* (org.). *A Comunicabilidade do Direito Internacional do Trabalho e o Direito do Trabalho Brasileiro*. Vol. 2. São Paulo: Tirant lo Blanch, 2020. (Coleção Internacional do Trabalho). E-book. p. 78-89.

(212) *Ibid.*, p. 79-80.

(213) *Ibid.*, p. 78-89. p. 80.

estudo, as cinco assertivas da primeira parte da *Declaração do Centenário*, enumeradas das letras "A" a "E". As declarações da Organização são relevantes para o mundo do trabalho e confirmam o seu contributo como marco civilizatório para o trabalho em nível global. As afirmações mais diretamente relacionadas à construção do trabalho decente estão contidas nos itens B, C e D, a seguir transcritos[214]:

> B. É imperativo agir com urgência para aproveitar todas as oportunidades para construir um futuro do trabalho mais justo, inclusivo e mais seguro, com pleno emprego e trabalho digno para todos.
> C. Esse futuro do trabalho é uma condição prévia de um desenvolvimento sustentável que põe fim à pobreza e não deixa ninguém para trás.
> D. A OIT deve transpor para o seu segundo século de existência, com uma determinação inabalável, o seu longo mandato ao serviço da justiça social, fazendo dos direitos, necessidades e aspirações das pessoas os objetivos principais das políticas econômicas, sociais e ambientais – a abordagem ao futuro do trabalho centrada no ser humano[215].

A segunda parte da Declaração diz respeito aos compromissos da OIT com o futuro, elencando os principais objetivos e metas. Entre eles encontram-se: o progresso tecnológico com equidade; trabalho digno; geração de empregos de qualidade; igualdade para homens, mulheres e deficientes; inclusão de micros e pequenas empresas; progresso social e econômico. Todos apontam para o futuro do trabalho, com a centralidade na pessoa humana, sinalizando para a necessidade urgente de combate à pobreza, como indispensável para a redução da desigualdade no mundo[216].

---

(214) OIT - ORGANIZAÇÃO INTERNACIONAL DO TRABALHO. *Declaração do Centenário da OIT para o futuro do trabalho*. Genebra: OIT, 2019.

(215) BARZOTTO, Luciane Cardoso. Declaração do Centenário da OIT de 2019 – ILO Centenary Statement 2019. *In*: ROCHA, Cláudio Jannotti *et al.* (org.). *A Comunicabilidade do Direito Internacional do Trabalho e o Direito do Trabalho Brasileiro*. Vol. 2. São Paulo: Tirant lo Blanch, 2020. (Coleção Internacional do Trabalho). E-book. p. 80-81.

(216) *Idem*.

O terceiro ponto está dividido em três outros, contendo preceitos sobre a pessoa humana trabalhadora, o Trabalho Decente, a capacitação e a criação de oportunidades de trabalho e emprego de qualidade. Na linha de vanguarda do futuro do trabalho, a OIT continua a reafirmar que o trabalho não é mercadoria e que o trabalhador digital precisa ser protegido, possibilitando a cada pessoa humana trabalhadora e à sua família uma existência com dignidade.[217]

Na última parte da *Declaração do Centenário*, considerada a mais operacional e voltada à atuação da própria Organização, ela reforça a importância da existência de normas internacionais consentâneas com a realidade. Chama a atenção para a relevância do fortalecimento do diálogo social e das pesquisas e investigações por meio do mundo acadêmico e da cooperação global, a fim de possibilitar que as políticas do mundo do trabalho possam ser estruturadas a partir de dados concretos[218].

A autora analisa a relevância da *Declaração do Centenário* e observa que a Organização ostenta a maturidade necessária para aprovar um documento de forma "*soft law*" com o conteúdo de "*hard law*", com a significação de um "patamar civilizatório mínimo já presente na Declaração de Filadélfia e na Constituição da OIT, atualizada". Pondera ainda que as discussões oriundas da "Iniciativa sobre o Futuro do Trabalho" foram temas amplamente debatidos na 104ª CIT (2015). Logo após, deu-se a formação da Comissão Mundial sobre o Futuro do Trabalho (2017). Na sequência, foi apresentado o *Relatório Trabalhar para um Futuro Melhor* (2019), com ampla divulgação e participação dos Estados-membros[219].

De acordo com Luciane Cardoso Barzotto, a *Declaração do Centenário da OIT* é um instrumento de reforço à necessidade de efetivação do Trabalho Decente em padrões de dignidade. Além disso, ressalta seu conteúdo civilizatório para o futuro do trabalho, sobretudo frente aos desafios das mudanças climáticas, da globalização, dos efeitos do

---

(217) BARZOTTO, Luciane Cardoso. Declaração do Centenário da OIT de 2019 – ILO Centenary Statement 2019. *In*: ROCHA, Cláudio Jannotti *et al*. (org.). *A Comunicabilidade do Direito Internacional do Trabalho e o Direito do Trabalho Brasileiro*. Vol. 2. São Paulo: Tirant lo Blanch, 2020. (Coleção Internacional do Trabalho). *E-book*. p. 80-81.

(218) *Ibid.*, p. 81-82.

(219) *Ibid.*, p. 87.

neoliberalismo na economia, da intensificação das novas tecnologias e das dificuldades populacionais que o mundo inteiro enfrenta[220].

Desse modo, é possível concluir que a pesquisa e o estudo dos documentos internacionais da OIT, no marco de mais de um século de atuação, demonstram que a Organização foi se consolidando ao longo do tempo na perspectiva do avanço civilizacional do mundo do trabalho. Ficou evidente ainda que ela procurou encontrar caminhos para enfrentar e oferecer respostas às consequências do recrudescimento do capitalismo e de seus efeitos nas relações de trabalho. Sem dúvidas, a atuação da OIT representou um significativo avanço civilizatório, particularmente considerando novas realidades como o avanço da globalização e do neoliberalismo com graves consequências para o trabalho e para a pessoa humana trabalhadora.

2.3 Agenda brasileira para o Trabalho Decente

A construção no Brasil de uma *Agenda do Trabalho Decente* antecedeu a diversas outras programações nas esferas nacional, estadual e municipal. Como visto em itens precedentes deste estudo, a OIT lançou em 1999 o Programa Trabalho Decente, adotado pelo governo brasileiro, o qual firmou em 2 de junho de 2003, com a Organização, um *Memorando de Entendimento* criando formalmente no país o "Programa de Cooperação Técnica para a Promoção de uma Agenda de Trabalho Decente (ANDT)". Na mesma ocasião, o Brasil, na condição de Estado-membro da OIT, assinou outros documentos de implantação da Agenda Nacional, medidas efetivadas no início do primeiro mandato do então Presidente Luiz Inácio Lula da Silva[221].

O lançamento oficial da *Agenda do Trabalho Decente* no Brasil ocorreu em maio de 2006, durante a XVI Reunião Regional Americana da OIT, realizada em Brasília. Na sequência e visando à sua efetivação, foram editadas as Portarias do então Ministério do Trabalho e Emprego (MTE) n. 540/07 (7/11/2007) e n. 114/08 (27/2/2008). O passo seguinte foi a assinatura em Genebra, na Suíça, da *Declaração Conjunta do Presidente da*

---

(220) BARZOTTO, Luciane Cardoso. Declaração do Centenário da OIT de 2019 – ILO Centenary Statement 2019. *In*: ROCHA, Cláudio Jannotti *et al.* (org.). *A Comunicabilidade do Direito Internacional do Trabalho e o Direito do Trabalho Brasileiro*. Vol. 2. São Paulo: Tirant lo Blanch, 2020. (Coleção Internacional do Trabalho). E-book.p. 87-88.

(221) ARANTES, Delaíde Alves Miranda. A reforma trabalhista e seus impactos nas condições de trabalho decente. *In*: FARIAS, James Magno Araújo (org.). *Trabalho Decente*. São Paulo: LTr, 2017. p. 43-48.

República do Brasil e do Diretor-Geral da OIT (15/6/2009), com assentamento das bases para a instituição do Plano Nacional do Trabalho Decente (PNTD), bem como o estabelecimento das prioridades no sentido da geração de mais empregos com melhor qualidade, oportunidades e tratamento iguais para todos, a erradicação do trabalho escravo e infantil e o fortalecimento do diálogo social[222].

O compromisso do Brasil com a OIT para a promoção do Trabalho Decente deve ser observado também pelo Judiciário. No âmbito de suas decisões, esse compromisso pode se dar por meio do chamado controle da convencionalidade das normas internacionais e da interpretação sistemática à luz da legislação trabalhista e social constitucionalizada na Carta Política de 1988, que erigiu as garantias fundamentais como pilares da República Federativa do Brasil. Trata-se do desafio de um esforço hermenêutico capaz de incluir no ordenamento jurídico interno as normas internacionais de proteção ao trabalho digno, à segurança e à saúde do trabalhador, assegurando-se também na esfera judicial a remuneração justa e a proteção social. Somente por meio da afirmação de direitos e da vedação do retrocesso social poderá ser pavimentado o caminho para a efetivação do trabalho decente no Brasil[223].

Em sua análise, Márcia Regina Castro Barroso[224] enfatiza importante característica relacionada à capacidade da OIT na divulgação do Trabalho Decente para outras instituições do poder público no Brasil. Ela exemplifica com ações concretas do Ministério do Trabalho e Emprego (MTE) e do Ministério Público do Trabalho (MPT), instituições parceiras do projeto com diversas iniciativas, como a criação do Plano Nacional de Emprego e Trabalho Decente (PNETD), coordenado em 2009 pelo MTE, com a assessoria técnica da OIT. No caso brasileiro, o conceito de Trabalho Decente da OIT adquire vida própria e passa a integrar "os planos e o ideário de outras instituições de interesse do mundo do trabalho", que aos poucos vai se transformando em reflexão e pauta para política pública[225].

---

(222) ARANTES, Delaíde Alves Miranda. A reforma trabalhista e seus impactos nas condições de trabalho decente. *In*: FARIAS, James Magno Araújo (org.). *Trabalho Decente*. São Paulo: LTr, 2017. p. 47.

(223) *Ibid.*, p. 47-48.

(224) BARROSO, Márcia Regina Castro. O "Trabalho Decente" e os Desafios da Contemporaneidade. *In*: PESSANHA, Elina Gonçalves da Fonte *et al.* (org.). *OIT 100 anos*: ações, impasses e perspectivas. Rio de Janeiro: Lumen Juris, 2020. p. 39-57.

(225) *Ibid.*, p. 49.

Já o documento *Perfil do Trabalho Decente no Brasil*, de 2012, apresenta indicadores sobre os elementos indispensáveis para que um trabalho possa ser, de fato, considerado decente, quais sejam: oportunidade de emprego; rendimento adequado; jornada de trabalho decente, combinação entre o trabalho, a vida pessoal e familiar; segurança e estabilidade no trabalho; igualdade de tratamento e oportunidades; ambiente de trabalho seguro, entre outros[226].

Note-se que a primeira iniciativa do Brasil para o Trabalho Decente da OIT foi o lançamento da *Agenda Nacional do Trabalho Decente* (ANTD), ocorrida em 2006. A Agenda expressou o compromisso entre o governo do Brasil e a OIT, com o desenvolvimento do diálogo com as organizações sindicais de trabalhadores e de empregadores. A partir daí, deu-se a elaboração do PNTD criando as prioridades, objetivos, metas, estratégias e prazos. Foram três as prioridades estabelecidas: geração de mais e melhores empregos; a erradicação do trabalho escravo e infantil em suas piores formas, e a ampliação e o fortalecimento do diálogo social, instrumento da governabilidade democrática[227].

A experiência pioneira do Brasil é referida no estudo de Márcia Regina Castro Barroso. Trata-se das Agendas Subnacionais de Trabalho Decente. A primeira delas na Bahia, depois em Mato Grosso. No ano de 2015, já haviam sido estabelecidas as Agendas Estaduais da Bahia, Mato Grosso, Minas Gerais, Paraná, Pernambuco e Tocantins, além das municipais do ABC Paulista, Cuiabá, Curitiba, São Paulo e oito municípios baianos (Araci, Boqueira, Caturama, Ibipitanga, Itambé, Itarantim, Serrinha e Valente)[228].

A autora se reporta ainda, em sua pesquisa, à publicação intitulada *Uma década de promoção do trabalho decente no Brasil*, como o "modelo pioneiro construído no Brasil" como referência para províncias e departamentos de países integrantes do cone sul latino-americano, citando para exemplificar a Província de Santa Fé, na Argentina. No

---

(226) BARROSO, Márcia Regina Castro. O "Trabalho Decente" e os Desafios da Contemporaneidade. *In*: PESSANHA, Elina Gonçalves da Fonte *et al.* (org.). *OIT 100 anos*: ações, impasses e perspectivas. Rio de Janeiro: Lumen Juris, 2020. p. 51.

(227) *Ibid.*, p. 51-52.

(228) *Ibid.*, p. 52.

Chile, a região do Maule e o Município de Santiago, no Paraguai o Departamento Central e no Uruguai o Município de Las Piedras[229].

O projeto da OIT intitulado "Monitorando e avaliando o progresso do trabalho decente" (MAP/2008 a 2013) também foi analisado pela autora. O objetivo do projeto foi criar indicadores para possibilitar aos países-membros a avaliação quanto ao progresso da promoção do Trabalho Decente. O projeto contou com financiamento da União Europeia (UE) e a participação de dez países. Da América Latina somente participaram o Brasil e o Peru. Organismos governamentais, o Ministério Público do Trabalho, organizações sindicais e instituições de pesquisas, como o IBGE e o DIESE, participaram do desenvolvimento do projeto[230].

Márcia Regina Castro Barroso indica a I Conferência Nacional de Emprego e Trabalho Decente, realizada em agosto de 2012, em Brasília-DF, como a mais significativa de todas as iniciativas sobre o tema. O evento foi precedido de diversos espaços de discussão, em formato tripartite. Ao todo foram realizadas 273 conferências de preparação do evento, sendo 26 estaduais, 104 regionais, 5 microrregionais e 138 municipais. Ela se refere à declaração da então Diretora da OIT Brasil, Laís Abramo, no sentido de que "nunca houve um processo tão amplo, com participação de aproximadamente 25 mil pessoas [...]". Para a autora, é possível afirmar o grande desenvolvimento do Trabalho Decente no Brasil, considerando as iniciativas e os dados concretos apresentados. Ela conclui ao final que o Programa Trabalho Decente está em todas as hipóteses analisadas relacionado intimamente à OIT, como sua divulgadora e detentora dos mecanismos de sua execução na esfera institucional[231].

O Trabalho Decente brasileiro é analisado ainda por Patrícia Maeda. Ela considera a *Agenda do Trabalho da OIT* mais abrangente que a brasileira e observa nesse contexto que esta não inclui a liberdade sindical. Afirma a autora que, "[...] Assim como a ONU, não inclui a liberdade sindical e substitui a negociação coletiva pelo diálogo social". Ela destaca que "a doutrina sobre o trabalho decente relaciona-o com a dignidade da pessoa

---

(229) BARROSO, Márcia Regina Castro. O "Trabalho Decente" e os Desafios da Contemporaneidade. *In*: PESSANHA, Elina Gonçalves da Fonte *et al.* (org.). *OIT 100 anos*: ações, impasses e perspectivas. Rio de Janeiro: Lumen Juris, 2020. p. 51.

(230) *Ibid.*, p. 53.

(231) *Ibid.*, p. 53-54.

humana, com o chamado mínimo existencial, ou com ambos". Dessa forma, a construção jurídica em torno do mínimo existencial assegura tão somente a reprodução do capital e isso não está diretamente relacionado a trabalho digno ou decente[232].

A autora pondera que o Trabalho Decente tem agenda própria no Brasil e em outros países, mas com a mesma noção de assegurar os direitos mínimos aos trabalhadores. O que se pode observar é que a Constituição Federal de 1988 não estende os direitos mínimos nela garantidos a todos os trabalhadores brasileiros, deixando de abranger, em seu vasto leque protetivo de cunho social e trabalhista, os trabalhadores autônomos, os subcontratados, os temporários e aqueles que laboram em condições de precariedade[233].

Sobre a assinatura pelo Brasil do *Memorando de Entendimento* com a OIT, bem como a adoção da ANDT (2006) com a eleição das prioridades já elencadas no presente item, Patrícia Maeda assevera ser possível afirmar que as dimensões do Trabalho Decente que a OIT preconiza em seu programa são mais abrangentes que as prioridades listadas pelo governo brasileiro. Aduz que a principal vulnerabilidade é não enfrentar o ponto que se refere à limitação da liberdade sindical constitucionalizada no art. 8º, inc. II, da CRFB/88, de instituição da unicidade sindical. A referida norma, de acordo com as ponderações da autora, não se coaduna com o que dispõem os arts. 2º e 3º da Convenção n. 87, da OIT, a única das oito convenções fundamentais da Organização não ratificada pelo Brasil[234].

Trabalho Decente e exploração do trabalho no Brasil são temas de análise de José Cláudio Monteiro de Brito Filho, que em seu estudo aborda a tríplice dimensão dos direitos humanos dos trabalhadores, indispensáveis à sua efetivação: primeiro, o reconhecimento pelo ordenamento jurídico, seguido das condições materiais para a sua realização, e um sistema de garantias para assegurar a tutela e a proteção dos direitos[235]. O autor pondera que não é suficiente o reconhecimento

---

(232) MAEDA, Patrícia. *A era dos zero direitos*: trabalho decente, terceirização e contrato zero-hora. São Paulo: LTr, 2017. p. 135.

(233) *Ibid.*, p. 69-70.

(234) BRITO FILHO, José Cláudio Monteiro de. *Trabalho decente*: análise jurídica da exploração do trabalho: trabalho escravo e outras formas de trabalho indigno. 4. ed. São Paulo: LTr, 2016.

(235) *Ibid.*, p. 70.

da existência do direito; é indispensável que seja transferido para o domínio do Direito com o reconhecimento de sua obrigatoriedade. Sua existência somente na esfera formal não assegura sua realização, a concretude, que é a existência material do Direito[236].

No Brasil, existe um pródigo reconhecimento dos direitos sociais na Constituição Federal, que consagra direitos trabalhistas e sociais; pela ratificação de normas internacionais, além de farta normativa infraconstitucional. Contudo, não se pode fazer a mesma afirmação em se tratando da dimensão material. Afirma José Cláudio Monteiro de Brito Filho que "sob a ótica da formalidade [...] a situação dos direitos mínimos do trabalhador no Brasil é relativamente favorável. No plano real, todavia, a situação é bem diferente"[237].

A respeito da dimensão processual do Direito, assevera o autor que o Brasil tem um modelo adequado de solução de conflitos em matéria trabalhista, com normas processuais concebidas para a celeridade da prestação jurisdicional. Os números da atuação da Justiça do Trabalho no País, divulgados pelo Conselho Nacional de Justiça (CNJ), de mais de quatro milhões de novas ações ajuizadas em 2013, com a tramitação nas três instâncias, naquele ano, de quase oito milhões de processos dá a dimensão do alto grau de violação dos direitos trabalhistas e das consequentes dificuldades para a sua real efetivação[238].

De acordo com o autor, a garantia do Trabalho Decente somente poderá ser assegurada, efetivamente, quando o Poder Público e a sociedade se conscientizarem da necessidade de combater a desigualdade e a miséria, por meio da execução das políticas públicas previstas na CRFB/88, cumprindo assim a dimensão material dos direitos humanos trabalhistas. A implementação do trabalho decente exige a adoção de estratégia completa. Por certo, era essa a pretensão do governo brasileiro quando firmou com a OIT, no ano de 2003, o *Memorando de Entendimento* para implantar no Brasil a *Agenda do Trabalho Decente*, além dos documentos e medidas subsequentes, como as Portarias n. 549/07,

---

(236) BRITO FILHO, José Cláudio Monteiro de. *Trabalho decente*: análise jurídica da exploração do trabalho: trabalho escravo e outras formas de trabalho indigno. 4. ed. São Paulo: LTr, 2016..

(237) *Ibid.*, p. 78-79.

(238) *Ibid.*, p. 82.

n. 114/08, a *Declaração Conjunta Brasil/OIT* (2009), resultando no PNTD, na 98ª Conferência Internacional do Trabalho – CIT/2009[239].

A construção e o conteúdo das Agendas Brasileiras do Trabalho Decente constituem objeto de análise crítica de Silvio Beltramelli Neto e Isadora Rezende Bonamim[240]. Argumentam eles que, no Brasil, ocorreu a criação de uma agenda específica lançada no ano de 2006, a ANTD, seguida de outras agendas nas esferas nacional, estadual e municipal. Os autores examinam as sete principais agendas brasileiras: Agenda Nacional (2006), Agenda Bahia (2007), Agenda Nacional para a Juventude (2010), Agenda Mato Grosso (2011), Agenda Curitiba (2012), Agenda São Paulo (2016) e Agenda Carajás (2018), analisando o objeto, a compatibilidade, a estruturação, o monitoramento e a avaliação a partir da noção de diálogo social tripartite. Apresentam conclusão crítica à "tese de plena compatibilidade dos conteúdos das agendas brasileiras com as prescrições internacionais sobre o trabalho decente"[241].

Os autores discorrem sobre a *Agenda do Trabalho Decente*, o que é, quais são seus objetivos e metas. Sua noção é a de criação de "um programa personalizado e transmutável", passível de modificação para atender as necessidades das regiões de sua implantação. Sua construção pelas instituições nacionais com a assistência da OIT deve considerar a "concepção programática de trabalho decente". Afirmam os autores, no entanto, que a Organização não disponibiliza "um projeto integral de parâmetros para avaliação" no que se refere à evolução, estagnação ou retrocesso em relação aos objetivos e metas estabelecidos no Programa Trabalho Decente[242].

Na pesquisa sobre a construção das *Agendas do Trabalho Decente* no País, os autores analisam a experiência brasileira na perspectiva da participação atenuada das organizações de trabalhadores e empregadores, comparando-a ao padrão institucional da OIT. Segundo eles, muitas

---

(239) BRITO FILHO, José Cláudio Monteiro de. *Trabalho decente*: análise jurídica da exploração do trabalho: trabalho escravo e outras formas de trabalho indigno. 4. ed. São Paulo: LTr, 2016.83.

(240) BELTRAMELLI NETO, Silvio; BONAMIM, Isadora Resende. Estudo crítico da construção e do conteúdo das agendas brasileiras para o trabalho decente. *Revista da Faculdade de Direito do Sul de Minas*, Pouso Alegre, v. 36, n. 2, p. 173-207, jul./dez. 2020.

(241) *Ibid.*, p. 175-176.

(242) *Ibid.*, p. 178-179.

vezes esses atores sociais participaram da elaboração dos programas na condição de membros consultivos, a exemplo do traçado da ANTD, elaborado por técnicos por intermédio de secretarias e setores do MTE. A proposta foi passada para o Grupo Interministerial e consulta à Comissão Tripartite de Relações Internacionais (CTRI), com representantes de empregadores e trabalhadores em sua composição[243].

A principal crítica está relacionada ao fato de a *Convenção n. 87 da OIT sobre a Liberdade Sindical e a Proteção ao Direito de Sindicalização* não ter sido até hoje ratificada pelo Brasil. Esta norma é considerada fundamental para a OIT, constituindo-se em norte para a liberdade sindical, pois assegura a ampla liberdade dos trabalhadores e empregadores em filiar-se ou constituir-se a uma organização independente de autorização, além de liberdade para a gestão e o exercício das atividades representativas. A justificativa para que a referida Convenção não fosse ratificada até o momento pelo Brasil deve-se à sua incompatibilidade com a CRFB/88, a qual manteve a unicidade sindical, com a existência de um sindicato profissional ou patronal para cada categoria, numa mesma base territorial, com limite de base territorial de um município, e ainda com a exigência de registro da entidade sindical em órgão competente[244].

Após examinar o procedimento de confecção e o conteúdo das agendas brasileiras, nacionais e subnacionais, os autores afirmam que a capacidade de adaptação do Programa Trabalho Decente às contingências do país foi exacerbada no caso do Brasil. A desvinculação do plano da OIT quanto à definição dos objetivos centrais até o monitoramento das ações provocou uma desvinculação parcial de grandes proporções, a exemplo do fraco diálogo social, reduzido muitas vezes a consultas aos atores sociais, assim como a concentração de decisões nos entes federados envolvidos, a discricionariedade nas decisões sobre as prioridades, a falta de transparência sobre dados considerados para a definição dos eixos, das linhas e metas de ações[245].

---

(243) BELTRAMELLI NETO, Silvio; BONAMIM, Isadora Resende. Estudo crítico da construção e do conteúdo das agendas brasileiras para o trabalho decente. *Revista da Faculdade de Direito do Sul de Minas*, Pouso Alegre, v. 36, n. 2, p. 173-207, jul./dez. 2020. p. 181.

(244) *Ibid.*, p. 183-184.

(245) *Ibid.*, p. 202-203.

Como resultado da pesquisa e do estudo das principais Agendas Brasileiras para o Trabalho Decente, Silvio Beltramelli Neto e Isadora Rezende Bonamim asseguram que:

> não se afigura desarrazoado negar às agendas brasileiras nacional e subnacionais para o Trabalho Decente a condição de programas plenamente aptos à execução e monitoramento orientados ao combate efetivo das condições laborais precarizadas ordinariamente neste país.[246]

A conclusão dos autores é que as Agendas Brasileiras necessitam de compromisso político e de soerguimento a fim de romper a barreira da retórica e assim passar à concretização do propósito de efetiva concretude, da ideia de trabalho decente[247].

Em síntese conclusiva, a OIT lançou em 1999 o Programa Trabalho Decente, que foi adotado pelo governo brasileiro no ano de 2003. O Brasil firmou com a Organização um *Memorando de Entendimento* instituindo o Programa de Cooperação Técnica para a Promoção de uma *Agenda de Trabalho Decente* (ANDT). O compromisso assumido para a promoção do Trabalho Decente deve ser observado também pelo Judiciário e pode ocorrer por meio do controle da convencionalidade das normas internacionais e da interpretação sistemática à luz da legislação social e trabalhista constitucionalizada na Carta Política de 1988 (CRFB/88).

O Brasil, que é um dos Estados-membros da OIT, adotou na Constituição Federal de 1988 direitos fundamentais da pessoa humana colocando-a na centralidade da proteção do Estado. Contudo, é possível observar que esses direitos hoje constitucionalizados na esteira dos direitos humanos trabalhistas de âmbito global não têm a mesma eficácia em sua aplicabilidade, quando se trata da instrumentalização processual pelo Poder Judiciário Trabalhista pátrio. Ocorre, assim, uma discrepância entre os direitos conquistados e sua efetivação por meio do caso concreto, sobretudo após a aprovação pelo Poder Legislativo da Lei n. 13.467/17, a chamada Reforma Trabalhista.

---

(246) BELTRAMELLI NETO, Silvio; BONAMIM, Isadora Resende. Estudo crítico da construção e do conteúdo das agendas brasileiras para o trabalho decente. *Revista da Faculdade de Direito do Sul de Minas*, Pouso Alegre, v. 36, n. 2, p. 173-207, jul./dez. 2020. p. 203.

(247) *Ibid.*, p. 203.

2.4 O Trabalho Decente e os Objetivos de Desenvolvimento do Milênio (ODM) da Organização das Nações Unidas (ONU)

A pesquisa sobre Trabalho Decente da OIT, na perspectiva dos direitos humanos trabalhistas, passa pela análise também de outros documentos, como os *Objetivos de Desenvolvimento do Milênio* (ODM) da ONU, sintetizado em dezessete *Objetivos de Desenvolvimento Sustentável* (ODS) divulgados em 2015. O ODS n. 8 relaciona-se ao Trabalho Decente e crescimento econômico e tem como objetivo "Promover o crescimento econômico sustentado, inclusivo e sustentável, o emprego pleno e produtivo e o trabalho decente para todos"[248].

Os ODS e seus avanços no Brasil e no mundo constituem parte de um estudo de Helena Santiago[249]. A autora pondera que são conhecidos também como objetivos globais, e um de seus relevantes focos é conscientizar todos os países a adotarem as prioridades e os desafios ambientais visando à integração de todo o planeta, além de oferecerem a oportunidade de colocar o mundo (um conjunto de 170 países e territórios) num caminho mais sustentável e próspero.

Para a autora, isso é algo que ultrapassa o presente e se projeta no futuro, em termos de planos e políticas nacionais a serem desenvolvidos. O Brasil assumiu o compromisso de implantar e desenvolver os 17 objetivos definidos pela ONU a partir de consultas públicas globais, e a proposição de acabar, ao menos em parte, com problemas que o planeta enfrenta, como as desigualdades sociais, a fome, a pobreza, dentre outros[250].

Trata-se da mais recente iniciativa da ONU instituída em 2015, consistente em metas universais de desenvolvimento sustentável a serem atingidas até o ano de 2030 por todos os países, consideradas as dimensões social, ecológica e econômica. A agenda mundial foi adotada durante a Cúpula das Nações Unidas sobre o Desenvolvimento Sustentável, ocorrida em setembro de 2015, composta, como já frisado,

---

(248) ONU - ORGANIZAÇÃO DAS NAÇÕES UNIDAS. *Objetivo de Desenvolvimento Sustentável. 8 Trabalho decente e crescimento econômico.* c2021. Disponível em: <https://brasil.un.org/pt-br/sdgs/8>. Acesso em: 21 nov. 2021.

(249) SANTIAGO, Helena. Avanços nas ODS no Brasil e no Mundo. *Boletim de Inovação e Sustentabilidade* – BISUS, São Paulo, v. 1, p. 1-51, 2018.

(250) *Ibid.*, p. 2-3.

por 17 objetivos e 169 metas. Helena Santiago enfatiza que: "Nesta agenda estão previstas ações mundiais nas áreas de erradicação da pobreza, segurança alimentar, agricultura, saúde, educação, igualdade de gênero, redução das desigualdades [...] crescimento econômico inclusivo [...] entre outros"[251].

Os temas são divididos em quatro dimensões. A dimensão social é relativa às necessidades humanas, de educação, saúde, melhoria de justiça e qualidade de vida. A ambiental, à conservação e preservação do meio ambiente. A econômica aborda, entre outros temas, o uso e o esgotamento dos recursos da natureza, o consumo de energia. A dimensão institucional engloba a capacidade de serem colocados em prática os ODS. A autora salienta a participação do Brasil nas discussões e definições da ONU iniciadas em 2013, tendo o país "se posicionado de forma firme em favor de contemplar a erradicação da pobreza como prioridade entre as iniciativas voltadas ao desenvolvimento sustentável"[252].

Sobre o ODS n. 8, voltado especificamente ao Trabalho Decente a todas as pessoas humanas trabalhadoras, ao crescimento econômico inclusivo e sustentável, empregabilidade plena e produtiva, a autora rememora dados sobre o aumento do desemprego global de 170 para cerca de 202 milhões, de 2007 para 2012. Destes, 75 milhões são mulheres ou homens jovens. Abaixo da linha da pobreza, os dados mostraram em torno de 2,2 bilhões de pessoas no mundo, com a necessidade de criação de 470 milhões de empregos de 2016 a 2030, para a entrada de novas pessoas no mercado de trabalho. Helena Santiago considera essa estatística preocupante, pois "a erradicação do problema só é possível por meio de empregos bem pagos e estáveis". O papel considerado decisivo das pequenas e médias empresas, industrial e manufatureiras também foi mencionado no estudo por serem as maiores geradoras de empregos, com 90% dos negócios no mundo e oferecendo entre 50 e 60% dos empregos[253].

---

(251) SANTIAGO, Helena. Avanços nas ODS no Brasil e no Mundo. *Boletim de Inovação e Sustentabilidade* – BISUS, São Paulo, v. 1, p. 3, 2018.
(252) *Ibid.*, p. 4.
(253) *Ibid.*, p. 10-11.

O Trabalho Decente como concepção essencial dos ODS é alvo de estudo de Ildete Regina Vale da Silva e Maria Cláudia da Silva Antunes de Souza. As autoras lembram que, em 2015, Chefes de Estado e de Governo e altos representantes se reuniram e comprometeram-se a "não medir esforços para alcançar o Desenvolvimento Sustentável". A chamada Agenda 2030 é norteada pelos princípios e propósitos da *Carta das Nações Unidas*, inclusive quanto ao Direito Internacional, como o reconhecimento da responsabilidade pelo desenvolvimento social e econômico de cada um dos países envolvidos[254].

No documento *Transformando o Nosso Mundo: Agenda 2030 para o Desenvolvimento Sustentável*, as autoras destacam o item 2 da introdução da Declaração, que estabelece a centralidade nas pessoas humanas, colocando como maior desafio global a ser enfrentado a erradicação da pobreza como requisito indispensável para o desenvolvimento sustentável. A erradicação da pobreza no mundo, em todas as suas formas e dimensões, inclusive a pobreza extrema. Levando em consideração o conjunto de objetivos e metas traçadas, a menção expressa ao Trabalho Decente, que para a OIT é "condição fundamental para a superação da pobreza, a redução das desigualdades, a garantia da governabilidade democrática e o desenvolvimento sustentável"[255].

O ODS n. 8 tem em seu enunciado "Trabalho Decente e Crescimento Econômico", com o estabelecimento da meta de promoção do "crescimento econômico sustentado, inclusivo e sustentável, emprego pleno e produtivo e trabalho decente para todas e todos". Trata-se de um dos objetivos comuns a serem atingidos por toda a humanidade. Para tanto, foram instituídas 10 metas (8.1 a 8.10), sendo a décima subdividida em dois itens[256]. Entre elas, Ildete Regina Vale da Silva e Maria Cláudia da Silva Antunes de Souza ressaltam a do item 8.5: alcançar até 2030 o pleno emprego produtivo e decente para todas as trabalhadoras e

---

(254) SILVA, Ildete; SOUZA, Maria Cláudia. Trabalho decente como consolidação do respeito à dignidade do trabalhador: aspectos destacados para interpretação da reforma trabalhista à luz da Constituição de 1988. *Revista de Direitos Fundamentais nas Relações de Trabalho, Sociais e Empresariais*, Porto Alegre, v. 4, n. 2, p. 22-40, jul./dez. 2018.

(255) Ibid., p. 26-27.

(256) ONU - ORGANIZAÇÃO DAS NAÇÕES UNIDAS. Objetivo de Desenvolvimento Sustentável. *8 Trabalho decente e crescimento econômico*. c2021. Disponível em: https://brasil.un.org/pt-br/sdgs/8. Acesso em: 21 nov. 2021.

trabalhadores, inclusive migrantes e mulheres migrantes e trabalhadores em empregos precários[257].

A meta instituída no item 8.8 é a de proteção dos direitos trabalhistas e de promoção de ambientes de trabalho seguros e protegidos para todas as trabalhadoras e trabalhadores. As autoras ponderam que a salvaguarda aos direitos trabalhistas, a garantia de ambientes e condições seguras de trabalho constituem "uma meta que coaduna perfeitamente com os direitos sociais reconhecidos na Constituição Brasileira de 1988, especificamente, no que dispõe o art. 7º, da CRFB/88 [...]"[258].

No estudo crítico sobre a chamada Reforma Trabalhista, introduzida no Brasil pela Lei n. 13.467/17, Ildete Regina Vale da Silva e Maria Cláudia da Silva Antunes de Souza apontam para o compromisso do Estado brasileiro com a efetivação do Trabalho Decente, da Agenda da OIT, e com os ODS, da ONU, em perfeita consonância com a dignidade da pessoa humana assegurada na CRFB/88 e com os programas internacionais dos quais o país é signatário. Desse modo, afirmam que:

> Encontrou-se aporte nos compromissos internacionais assumidos pelo Brasil de alcançar os Objetivos de Desenvolvimento Sustentável, a filtragem necessária para manter o intérprete na direção dos direitos e garantias trabalhistas constitucionalmente protegidos para todos os Trabalhadores, verificando-se que há, na expressão Trabalho Decente, como meta para o alcance dos Objetivos de Desenvolvimento Sustentável, uma síntese da missão histórica de garantir oportunidade do direito ao trabalho a toda Pessoa Humana; que, no exercício desse direito, deve-se preservar a dignidade que, pela condição de ser Pessoa Humana lhe é destinada e, aquelas inerentes à condição de ser, também, um Trabalhador, reconhecendo que o trabalho é fonte de garantia de uma existência digna de toda e qualquer Pessoa Humana que se encontre na idade de trabalhar.[259]

---

(257) SILVA; SOUZA, op. cit., p. 28-29.

(258) Ibid., p. 29.

(259) SILVA, Ildete; SOUZA, Maria Cláudia. Trabalho decente como consolidação do respeito à dignidade do trabalhador: aspectos destacados para interpretação da reforma trabalhista à luz da Constituição de 1988. *Revista de Direitos Fundamentais nas Relações de Trabalho, Sociais e Empresariais*, Porto Alegre, v. 4, n. 2, p. 22-40, jul./dez. 2018. p. 36.

O Trabalho Decente tem como finalidade o respeito à dignidade da pessoa humana trabalhadora em todas as formas de prestação de serviços. Trata-se de comprometimento internacional que o Brasil assumiu, tanto em razão da *Agenda do Trabalho Decente* da OIT, quanto ao ODS n. 8 da ONU. Deve ser observada a equivalência entre crescimento econômico e dignidade no trabalho, a fim de que sejam impostos limites recíprocos, embora diferentes as perspectivas de compreensão, pois o trabalho "nas diversas possibilidades de prestação exige garantia e proteção de que seja realizado em condições de dignidade conferida a toda Pessoa Humana na condição de Trabalhador"[260].

O Trabalho Decente na perspectiva da sustentabilidade integra o estudo de Denise Fincato e Leiliane Piovesani Vidaletti[261], que analisam documentos internacionais enfocando a *Agenda 2030 do Desenvolvimento Sustentável* (ONU/2015). As autoras abordam os chamados ODS e especialmente o de n. 8 em busca de sua sincronia com a Constituição Federal de 1988, além da questão humanitária, a econômica: a livre-iniciativa que está entrelaçada no texto da Constituição com o valor social do trabalho. Concluem que "as dimensões ética e econômica da sustentabilidade justificam a persecução do ODS n. 8 da Agenda 2030, em especial pela realização do ideal do trabalho digno e decente"[262].

A Agenda em comento é constituída de um conjunto de ações, programas e diretrizes orientadoras da ONU e de seus países-membros em busca do desenvolvimento sustentável, destinados à concretude dos direitos humanos, especialmente os direitos das minorias com vulnerabilidades e mais discriminadas, dentre elas crianças, jovens, pessoas com deficiência, portadoras de doenças estigmatizantes, indígenas, idosos, migrantes e refugiados. A ONU reconhece por meio da Agenda que os ODS são indivisíveis e integrados, têm natureza global e universalizantes e "só se efetivam de forma conjunta, formando todos, a um só tempo, o desenvolvimento sustentável, que se compõe das dimensões econômica, social e ambiental"[263].

---

[260] SILVA, Ildete; SOUZA, Maria Cláudia. Trabalho decente como consolidação do respeito à dignidade do trabalhador: aspectos destacados para interpretação da reforma trabalhista à luz da Constituição de 1988. *Revista de Direitos Fundamentais nas Relações de Trabalho, Sociais e Empresariais*, Porto Alegre, v. 4, n. 2, p. 22-40, jul./dez. 2018. p. 37-38.

[261] FINCATO, Denise; VIDALETTI, Leiliane Piovesani. Trabalho decente: uma questão de sustentabilidade. *Revista de Direito do Trabalho e Seguridade Social*, São Paulo, vol. 46, n. 214, p. 137-160, nov.-dez. 2020.

[262] *Ibid.*, p. 137.

[263] *Ibid,.* p. 147-148.

As autoras observam que a pretensão da *Agenda 2030* é ser inclusiva, aplicando-se a todos, mas levando em consideração as peculiaridades inerentes a cada país, assim como seu nível de desenvolvimento. A Agenda se fundamenta na *Declaração Universal dos Direitos Humanos*, em normas e tratados internacionais de direitos humanos, na *Declaração do Milênio* e ainda nos resultados da Cúpula Mundial que se realizou em 2005. O estudo menciona os novos objetivos e metas, 17 objetivos e 169 metas que entraram em vigor em 1º de janeiro de 2016. Dentre os 17 ODS, as autoras se detêm com maior detalhamento no objetivo n. 8, assim definido: "Promover o crescimento econômico sustentado, inclusivo e sustentável, emprego pleno e produtivo e trabalho decente para todos"[264].

Ao estabelecer o que chamam sincronia da Constituição Federal de 1988 com a *Agenda 2030* da ONU, as autoras afirmam que, na mesma linha das Constituições ocidentais modernas, a Carta Política brasileira consagrou os direitos sociais, entre eles os direitos trabalhistas, no título II, "Dos direitos e garantias fundamentais", reservando assim aos direitos mínimos do trabalhador a classificação de direitos fundamentais. Uma das consequências deste reconhecimento é a imediata aplicabilidade, consagrada no art. 5º, § 1º, abrindo-se também para a integração de novos direitos decorrentes dos regimes e dos princípios adotados pela Constituição, bem como dos tratados internacionais em que o País é parte, na forma do art. 5º, § 2º, da CRFB/88[265].

As autoras destacam o art. 1º, IV, da Constituição, os valores sociais do trabalho e da livre-iniciativa como fundamentos da República Federativa do Brasil (RFB), na base do Estado Democrático de Direito, além do art. 1º da Constituição, ao incluir no inciso III a dignidade da pessoa humana como fundamento da RFB. Lembram que o conceito de Trabalho Decente está diretamente relacionado ao valor da dignidade da pessoa humana. Isso significa a obrigatoriedade de se respeitar os direitos mínimos dos trabalhadores, incluindo a liberdade de trabalho, a proibição do trabalho infantil e análogo ao de escravo, o tratamento igualitário, a liberdade sindical. Sem esses requisitos o trabalho "não

---

(264) FINCATO, Denise; VIDALETTI, Leiliane Piovesani. Trabalho decente: uma questão de sustentabilidade. *Revista de Direito do Trabalho e Seguridade Social*, São Paulo, vol. 46, n. 214, p. 148-160, nov.-dez. 2020.

(265) *Ibid.*, p. 149.

será decente e deverá ser combatido pelo Estado por ferir a dignidade do homem"[266].

Nesse mesmo sentido, o art. 5º, XIII, da CRFB/88, assegura o livre exercício de qualquer trabalho, profissão ou ofício. O art. 3º estabelece os fundamentos da RFB. O inciso IV trata da promoção do bem de todos e da vedação de preconceito e discriminação. No capítulo dos direitos sociais, mais especificamente o art. 7º, traz expressamente a vedação à discriminação. No inciso XX, a proteção do mercado de trabalho da mulher; no XXX, a proibição de diferença de salários e de qualquer discriminação em decorrência de sexo, idade, cor ou estado civil; no XXXII, a vedação à diferenciação entre trabalho manual, técnico ou intelectual[267].

De outra parte, a Constituição preconiza o trabalho humano em meio ambiente saudável de modo a assegurar ao trabalhador a redução dos riscos oriundos do trabalho, por meio de normas de saúde, higiene e segurança, na forma do art. 7º, XXII. Na mesma linha, estabelece no art. 7º, XXIII, o adicional de remuneração para as atividades insalubres, penosas e perigosas. Por fim, assegura o Texto Constitucional o salário profissional e a irredutibilidade salarial. No art. 7º estão previstas, ainda, condições de trabalho justas e salário digno, limitação da jornada (incisos XIII e XIV), repousos (XV e XVII), a proibição do trabalho infantil, perigoso, insalubre ou noturno aos menores de 18 anos, vedando qualquer trabalho aos menores de 16 anos, a não ser na condição de aprendiz, a partir de 14 anos (XXXIII)[268].

Na mesma esteira da proteção social, a Constituição brasileira assegura benefícios e licenças ao trabalhador (licença-maternidade e saúde) ou velhice (aposentadoria), a exemplo do estabelecido no art. 7º, incisos XVIII, XIX e XXIV, e no art. 201. Assim, pode-se afirmar que a CRFB/88, no plano formal, consagra um elenco de direitos mínimos ao trabalhador, realizando o "valor fundamental da dignidade da pessoa humana", na promoção do Trabalho Decente, estando, portanto, em

---

(266) FINCATO, Denise; VIDALETTI, Leiliane Piovesani. Trabalho decente: uma questão de sustentabilidade. *Revista de Direito do Trabalho e Seguridade Social*, São Paulo, vol. 46, n. 214, p. 150, nov.-dez. 2020.
(267) *Ibid., loc. cit.*
(268) *Ibid.*, p. 150-151.

alinhamento com o ODS n. 8, que prevê o "crescimento do emprego pleno e produtivo e do trabalho decente para todos"[269].

Em síntese, o Programa Trabalho Decente, como já visto, foi adotado pela Organização Internacional do Trabalho (OIT) no ano de 1999. Tempos depois, em 2015, a Organização das Nações Unidas (ONU) aprovou a *Agenda 2030* lançando os Objetivos de Desenvolvimento Sustentável (ODS), contendo metas a serem cumpridas. Dentre esses, o Objetivo n. 8 estabelece o Trabalho Decente e sustentável para todos. Ambos os programas têm caráter internacional e aplicabilidade a todos os Estados-membros, com respeito às peculiaridades, ao grau de desenvolvimento e às políticas internas. Além disso, têm a pessoa humana trabalhadora em sua centralidade e matriz no objetivo de justiça social defendido pela OIT desde a sua constituição.

---

(269) FINCATO, Denise; VIDALETTI, Leiliane Piovesani. Trabalho decente: uma questão de sustentabilidade. *Revista de Direito do Trabalho e Seguridade Social*, São Paulo, vol. 46, n. 214, p. 151, nov.-dez. 2020.

CAPÍTULO 3

O TRABALHO DECENTE NA CONSTRUÇÃO JURISPRUDENCIAL DO TRIBUNAL SUPERIOR DO TRABALHO (TST)

> "Como foi possível compreender até aqui, ao longo de sua história o Brasil vivenciou um sistema de justiça que à distância pouco participou dos esforços para a construção de uma sociedade mais justa, democrática e menos desigual.
>
> Com traços de uma cultura jurídica eminentemente colonial, de costas para a realidade social, é difícil verificar na história política do sistema de justiça brasileiro [...] um momento em que ele tenha se apresentado à luta social por direitos como uma alternativa político-institucional apta a garantir conquistas mais democráticas, mais humanistas ou menos autoritárias que as assumidas pelas outras instituições e poderes do Estado.
>
> Repare, portanto, que se aqui não se trata de negar a noção de agenda política de justiça e direitos humanos, o caso é menos ainda de reivindicar o protagonismo ou a primazia do judiciário como via de transformação social." (ESCRIVÃO FILHO; SOUZA JÚNIOR, 2021, p. 166-167)

3.1 Tribunal Superior do Trabalho (TST): instância suprema da Justiça do Trabalho e órgão uniformizador da jurisprudência nacional

A Constituição de 1988 (CRFB/88) indica os órgãos da Justiça do Trabalho brasileira, em seu art. 111, incisos I a III. São eles: o Tribunal

Superior do Trabalho (TST), os Tribunais Regionais do Trabalho (TRTs) e os Juízes do Trabalho.

A Consolidação das Leis do Trabalho (CLT) dedica o Título VIII, do art. 643 ao 735, para tratar da Justiça do Trabalho, devendo ser interpretado à luz da Emenda Constitucional n. 24/99, que extinguiu a representação corporativista classista no âmbito da Justiça do Trabalho, e da Emenda Constitucional n. 45/04, que ampliou a competência da Justiça do Trabalho, nos termos do art. 114 do Texto Constitucional.

A jurisdição dos TRTs do território nacional foi dividida em 24 regiões, conforme dispõe o art. 674 e parágrafo único[270]. O Capítulo V do mesmo Título VIII, nos arts. 690 a 709, dispõe sobre o TST e sua jurisdição em todo o território nacional, na condição de "instância suprema da Justiça do Trabalho" (art. 690)[271].

O Tribunal Superior do Trabalho, com sede em Brasília-DF e jurisdição em todo o território nacional, é órgão de cúpula da Justiça do Trabalho, nos termos do art. 111, inciso I, da CRFB/88, e tem como principal função uniformizar a jurisprudência trabalhista brasileira. Ao analisar o papel de uniformização do TST, Homero Batista Mateus da Silva afirma que: "O TST detém a palavra final em matéria de Direito do Trabalho infraconstitucional [...]. Assume o complexo papel de centro da uniformização da jurisprudência trabalhista"[272].

O Direito do Trabalho tem legislação unificada nacionalmente, a teor da disposição constitucional do art. 22, inciso I, da CRFB/88. A aplicação da lei não se dá de forma automática, mas por meio de interpretação; daí a necessidade de um órgão responsável pela unificação nacional. Pondera ainda Homero Batista Mateus da Silva que, embora o TST possa dar a ideia de uma terceira instância ou de um terceiro grau de jurisdição, essas expressões não refletem o conteúdo jurídico de sua criação, pois

---

(270) COSTA, Beatriz Casimiro *et al. Consolidação das Leis do Trabalho.* 52. ed. São Paulo: LTr, 2021. p. 173-185. p. 178.

(271) *Ibid.*, p. 180.

(272) SILVA, Homero Batista Mateus da. *Direito do Trabalho Aplicado*: Processo do Trabalho. São Paulo: Thomson Reuters Brasil, 2021. v. 4. p. 195.

"sua atribuição corresponde muito mais a um centro de uniformização do direito disperso [...]"[273].

A Justiça do Trabalho foi inaugurada no Brasil em 1º de maio de 1941, instituída oficialmente no discurso do então Presidente da República Getúlio Vargas. No ato de sua criação, Getúlio Vargas fez referência expressa à jurisprudência assim se pronunciando em sua fala: "[...] A Justiça do Trabalho [...] tem essa missão. Cumpre-lhe defender de todos os perigos a nossa modelar legislação social-trabalhista, aprimorá-la pela jurisprudência coerente e pela retidão e firmeza das sentenças [...]"[274].

A Constituição da República Federativa do Brasil de 1988 (CRFB/88) reafirmou o papel democrático e inclusivo da Justiça do Trabalho no sistema institucional de justiça brasileiro, propiciando celeridade ao processo de estruturação desse ramo do Judiciário, que se destaca por sua especificidade para atuar na relação capital e trabalho. Mauricio Godinho Delgado e Gabriela Neves Delgado apontam a relevância da Emenda Constitucional n. 45, de 9 de dezembro de 2004, que ampliou a competência da Justiça do Trabalho alcançando relações de trabalho não empregatícias, lides entre empregadores e União e litígios intersindicais. Além disso, afirmam que o "novo texto reformado eliminou dúvidas reiteradas da jurisprudência acerca da competência judicial especializada"[275].

Os autores identificam o período áureo descortinado pela CRFB/88, de grande significância para a justiça social brasileira. Nessa fase, a Justiça do Trabalho consolidou-se como o segmento de concretização da justiça social no campo do Poder Judiciário nacional[276].

---

(273) SILVA, Homero Batista Mateus da. *Direito do Trabalho Aplicado*: Processo do Trabalho. São Paulo: Thomson Reuters Brasil, 2021. v. 4. p. 195-196.

(274) GETÚLIO VARGAS. O trabalhador brasileiro no Estado Novo. Discurso pronunciado no estádio "Vasco da Gama", por ocasião das comemorações do Dia do Trabalho, a 1º de maio de 1941. Brasília, DF: Presidência da República, [1941]. p. 259-263. Disponível em: chrome-extension://efaidnbmnnnibpcajpcglclefindmkaj/viewer.html?pdfurl=https%3A%2F%2Fwww.netvasco.com.br%2Fnews%2Fnoticias16%2Farquivos%2F20210429-083131-1-.pdf&clen=863752&chunk=true. Acesso em: 4 jan. 2022.

(275) DELGADO, Mauricio Godinho; DELGADO, Gabriela Neves. Constituição da República e direitos fundamentais: dignidade da pessoa humana, justiça social e direito do trabalho. 4. ed. São Paulo: LTr, 2017. p. 151.

(276) *Ibid.*, p. 152-155.

A Justiça do Trabalho, constituída no País há mais de oitenta anos, além de cumprir a função estatal especializada do segmento do Poder Judiciário de solucionar litígios justrabalhistas submetidos ao seu exame, tem também como função interpretar a ordem jurídica, "assegurando-lhe sentido e abrangência universais no território brasileiro". Também cabe a ela assegurar a integração de um sistema institucional amplo, a fim de "garantir certa desmercantilização do trabalho humano na vida social e econômica"[277].

Mauricio Godinho Delgado e Gabriela Neves Delgado ressaltam o papel da Justiça do Trabalho, pontuando caber-lhe, além do exame e resolução de conflitos oriundos das relações de trabalho, "a composição de um amplo sistema jurídico em consonância com a sua missão de justiça social". A Constituição conferiu ao Judiciário Trabalhista, além da ampliação de sua estrutura jurídica em todo o País, um abrangente e denso repertório normativo composto por institutos, princípios e regras jurídicas de proteção social, decisivo para a regulação judicial das relações de trabalho[278].

A análise do Trabalho Decente na construção da jurisprudência do Tribunal Superior do Trabalho está inserida no contexto da importância que se dá, principalmente na atualidade, ao seu papel de uniformização da jurisprudência nacional. O Brasil é um país de grande dimensão geográfica e com enormes diferenças de ordem social, econômica e política, atraindo a atenção para o mundo do trabalho em suas mais diversas nuances.

A classe trabalhadora no País enfrenta, principalmente nos últimos anos, grandes dificuldades como o crescente índice de desemprego, os descumprimentos da legislação trabalhista por parte de um grande contingente de empregadores brasileiros e a ausência de um mecanismo de garantia contra a despedida imotivada, o qual, embora previsto na CRFB/88, no art. 7º, inciso I, nunca recebeu regulamentação.

---

(277) DELGADO, Mauricio Godinho; DELGADO, Gabriela Neves. Constituição da República e direitos fundamentais: dignidade da pessoa humana, justiça social e direito do trabalho. 4. ed. São Paulo: LTr, 2017. p. 168.

(278) DELGADO, Mauricio Godinho; DELGADO, Gabriela Neves. As Declarações de Direitos da OIT e Sua Repercussão na Fundamentação e na Prática da Missão de Justiça Social do Poder Judiciário Trabalhista. *In*: IGREJA, Rebecca; NEGRI, Camilo (org.). *Desigualdades globais e justiça social*: violência, discriminação e processos de exclusão na atualidade. Brasília: Faculdade Latino-Americana de Ciências Sociais, 2021. p. 291-332. (Coleção de Estudos Globais; 2).

O interesse pela pesquisa sobre o padrão decisório do TST na perspectiva dos direitos humanos trabalhistas é relevante, tanto do ponto de vista da investigação sobre como tem evoluído a jurisprudência trabalhista brasileira quanto ao tema, desde o lançamento da Agenda do Trabalho Decente da OIT, no ano de 1999 até o ano findo de 2021, quanto para chamar a atenção para a importância de o órgão de cúpula da Justiça do Trabalho integrar ao padrão de suas decisões os direitos humanos trabalhistas.

3.2 O papel do TST na intepretação e na aplicação do direito, em conformidade com o Estado Democrático de Direito e com o referencial de direitos humanos

O Estado Democrático de Direito consagrado pela CRFB/88 resultou em novo e decisivo paradigma ao erigir a pessoa humana e sua dignidade à condição de centralidade do ordenamento jurídico brasileiro. O tema é abordado por Maria Cecília de Almeida Monteiro Lemos, que enfatiza a expansão da proteção social em "um novo cenário – democrático e progressista – favorável ao fortalecimento das ações em direção à concretização do direito fundamental ao trabalho digno". Conforme a autora, a ampliação do papel da Justiça do Trabalho vincula "a interpretação e aplicação do direito ao paradigma do Estado Democrático de Direito, ao valor social do trabalho e à justiça social"[279].

Nesse contexto, a autora destaca que a "Justiça do Trabalho constitui um instrumento apto a contribuir para a concretização da dignidade do ser humano e dos direitos fundamentais". Sua instância máxima é o Tribunal Superior do Trabalho, a quem cabe julgar os Recursos de Revista por violação de lei federal ou à Constituição, o que confere ao TST a condição de instituição jurídica fundamental para o reconhecimento do trabalho decente. Para tanto, é imprescindível que suas decisões interpretem a legislação infraconstitucional e os contratos de trabalho conforme a Constituição Federal, seus princípios e disposições[280].

---

(279) LEMOS, Maria Cecília de Almeida Monteiro. *O dano existencial nas relações de trabalho intermitente*: reflexões na perspectiva do direito fundamental ao trabalho digno. São Paulo: LTr, 2020. p. 186-187.

(280) *Ibid.*, p. 187-188.

Maria Cecília de Almeida Monteiro Lemos reforça, ainda, a dignidade humana como um paradigma que deve nortear o ordenamento jurídico, assim como a ressignificação do princípio da proteção, em conformidade com a nova ordem constitucional, a partir de uma interpretação de acordo com os fundamentos do direito e da justiça social, erigidos à condição de preceitos da Constituição Federal. Outro fator importante destacado pela autora é a promulgação da Emenda Constitucional n. 45/04, que deu nova redação ao art. 114 da CRFB/88, fortalecendo a Justiça do Trabalho e ampliando sua competência[281].

Ao discorrer sobre o princípio da proteção ao trabalho fundamentado na dignidade da pessoa humana, Kátia Magalhães Arruda observa que a CRFB/88 está permeada em todo o seu texto por esse princípio. A começar pela definição de direito social, no art. 6º, a valoração como direito fundamental, no art. 1º, IV, o princípio da atividade econômica, art. 170, assim como a disposição do art. 193, de que a ordem social tem como base o primado do trabalho[282].

Rúbia Zanotelli de Alvarenga adverte que o intérprete, a quem cabe aplicar o direito, deve exercer por esse meio a plenitude dos direitos humanos trabalhistas, privilegiando o aspecto social e gerando capacidade de transformação do Direito do Trabalho em instrumento de justiça social. A dignidade humana deve ser o bem principal a ser protegido. A autora frisa que "cabe ao intérprete e aplicador do Direito do Trabalho, quando há interpretação jurídica, efetivar a aplicabilidade concreta de direitos e princípios fundamentais do trabalho alinhados pela Carta Maior de 1988"[283].

Consoante a autora, o intérprete deve, ainda, considerar que os direitos humanos não podem ser contrariados pelo Direito positivo, tampouco os direitos humanos sociais podem ter sua vigência negada. A

---

(281) LEMOS, Maria Cecília de Almeida Monteiro. *O dano existencial nas relações de trabalho intermitente*: reflexões na perspectiva do direito fundamental ao trabalho digno. São Paulo: LTr, 2020. p. 188.

(282) ARRUDA, Kátia Magalhães. Trabalho Forçado no Brasil: o difícil percurso entre o reconhecimento e a ruptura. *In*: REIS, Daniela Murada *et al.* (coord.). *Trabalho e Justiça Social*: um tributo a Mauricio Godinho Delgado. São Paulo: LTr, 2013. p. 376-381. p. 378.

(283) ALVARENGA, Rúbia Zanotelli. *O direito do trabalho como dimensão dos direitos humanos*. São Paulo: LTr, 2009. p. 172-173.

dignidade humana é valor supremo inalienável e intangível. Para Rúbia Zanotelli de Alvarenga, "a conclusão que exsurge é que, na intepretação dos Direitos Humanos, o intérprete deve ter como bem maior a ser protegido [...] que qualquer norma que viole [...] ou colida com eles, deve ser afastada [...]". A distribuição de justiça social não equânime descumpre preceito constitucional, pois o princípio da dignidade da pessoa humana foi erigido pela CRFB/88 à condição de cláusula pétrea do Estado[284].

Na lição de Raimundo Simão de Melo, "para interpretar o Direito do Trabalho é preciso perquirir sobre seu sentido e alcance por meio de um trabalho interpretativo científico [...]". A incumbência de interpretação do Direito do Trabalho se inicia pela doutrina e advocacia, as quais levam ao Judiciário seus entendimentos sobre as normas legais. Cabe aos juízes do trabalho a tarefa de interpretar, dizer o alcance das normas trabalhistas, estabelecer se estão em conformidade com a Lei Maior, a CRFB/88, em seu conteúdo; esse deve ser o primeiro cuidado do intérprete[285].

O autor entende que a CRFB/88 deve atuar como "farol" para o intérprete do Direito do Trabalho. Reporta-se aos arts. 1º, 3º, 7º e 170 da CRFB/88 como "piso vital mínimo de direitos", cujo objetivo é prover a inclusão social dos trabalhadores e a proteção à dignidade da pessoa humana. Ainda, segundo ele, deve-se observar o princípio da proteção, que é nuclear do direito social do trabalho e sua razão de ser, a fim de dar efetividade aos direitos fundamentais e ao princípio da igualdade "entre os atores sociais partícipes da relação de trabalho [...]"[286].

Raimundo Simão de Melo pondera ainda que "na busca de um norte para interpretar o Direito do Trabalho não se pode esquecer da segunda norma legal mais importante [...] Lei de Introdução às Normas do Direito Brasileiro [...] o art. 5º consagra uma das mais importantes regras para o intérprete dizendo que: '*Na aplicação da lei, o juiz atenderá aos fins sociais a que ela se dirige e às exigências do bem comum*'". Antes de

---

(284) ALVARENGA, Rúbia Zanotelli. *O direito do trabalho como dimensão dos direitos humanos.* São Paulo: LTr, 2009. p. 173.

(285) MELO, Raimundo Simão de. Interpretação e aplicação do Direito do Trabalho. *Revista Consultor Jurídico*, 7 jan. 2022. Disponível em: <https://www.conjur.com.br/2022-jan-07/reflexoes-trabalhistas-interpretacao-aplicacao-direito-trabalho>. Acesso em: 16 jan. 2022.

(286) *Ibid.*

aplicar a lei, é dever do juiz buscar seu sentido e alcance social. Assevera o autor a relevante tarefa do Poder Judiciário trabalhista de "determinar os fins sociais da lei trabalhista e o bem comum que ela visa proteger", o que interessa à sociedade e não somente a uma parcela, a que detém os poderes político e econômico[287].

Camila Miranda de Moraes, ao discorrer sobre a atuação do TST na exegese e criação de direitos trabalhistas, analisa seu papel na construção e na interpretação dos direitos trabalhistas. Após registro sobre o elevado número de processos ajuizados perante a Justiça do Trabalho, a autora ressalta o importante papel do Poder Judiciário brasileiro na construção e intepretação do Direito do Trabalho, com reflexos na ampliação ou restrição ou mesmo na criação de direitos sociais trabalhistas[288].

Depois de analisar decisões de turmas e órgãos fracionários do TST, destacando a relevância de seu papel na interpretação das normas trabalhistas, Camila Miranda de Moraes aponta a importância de seus verbetes sumulares, das reuniões plenárias para discussão sobre a revisão e adequação de sua jurisprudência, destacando em concreto o tema da acumulação dos adicionais de insalubridade e periculosidade (RR-3658320135140131), bem como as Súmulas ns. 291, 338 e 244. Pontua que estes são exemplos indicativos do importante papel do TST, não somente para uniformização da jurisprudência trabalhista, mas na interpretação, na ampliação, na criação e também na efetividade dos direitos trabalhistas[289].

Sobre o papel do TST, Camila Miranda de Moraes afirma em seu estudo que:

> Esse é o protagonismo que precisa florescer no Tribunal Superior do Trabalho e nas demais instâncias do Poder Judiciário trabalhista: a noção de que os direitos sociais laborais consagrados na Constituição de 1988 são direitos fundamentais e, por isso, de aplicabilidade imediata. Cumpre

---

(287) MELO, Raimundo Simão de. Interpretação e aplicação do Direito do Trabalho. *Revista Consultor Jurídico*, 7 jan. 2022. Disponível em: <https://www.conjur.com.br/2022-jan-07/reflexoes--trabalhistas-interpretacao-aplicacao-direito-trabalho>. Acesso em: 16 jan. 2022.

(288) MORAES, Camila Miranda de. Atuação do Tribunal Superior do Trabalho na Exegese e criação de Direitos Trabalhistas. *Revista do TST*, Brasília, vol. 83, n. 1, p. 217-234, jan./mar. 2017. p. 225-226.

(289) *Ibid.*, p. 231-232.

ao Poder Judiciário zelar pela eficácia e pela efetividade desses direitos, sob pena de tornar a Constituição letra morta.[290]

A autora reafirma o destaque dado pela CRFB/88 aos direitos dos trabalhadores, inserindo-os entre os direitos e as garantias fundamentais, conferindo aplicabilidade imediata e proteção contra alterações (art. 60, § 4º, IV), no sentido de dar a máxima efetividade a esses direitos. A CRFB/88 trouxe muitos avanços para o Direito Constitucional e para o Direito do Trabalho. A autora pondera que seu estudo não tem por objetivo criticar o Judiciário Trabalhista em seu relevante papel. Contudo, adverte que a compreensão da necessidade de eficácia dos direitos sociais "deve e precisa ser adotada por todas as instâncias dos Tribunais trabalhistas brasileiros, principalmente pelo Tribunal Superior do Trabalho, que influencia o pensamento jurídico nacional"[291].

Camila Miranda de Moraes adverte sobre a imprescindibilidade da interpretação sistemática do ordenamento jurídico pátrio, a qual possibilita melhor interpretar e ampliar os direitos sociais da CRFB/88, a fim de dar-lhes eficácia e efetividade. E conclui que "esse deve continuar a ser o papel do Tribunal Superior do Trabalho para garantia da manutenção e efetividade da vontade constitucional, pois de nada adianta ser titular de um direito que está escrito, mas não pode ser usufruído"[292].

Considerando as diretrizes da CRFB/88, que erigiu a pessoa humana na centralidade do trabalho e a dignidade do ser humano como fundamento da República Federativa do Brasil, bem como a influência do Direito Internacional e dos direitos humanos trabalhistas, com crescentes desafios ao intérprete do Direito do Trabalho; considera-se importante que estudos e pesquisas analisem o perfil e os rumos para os quais apontam as decisões do TST, principalmente nessa quadra histórica complexa vivenciada pelo mundo do trabalho. Completam esse contexto, gerando consequências negativas, as reformas trabalhista e previdenciária, em flagrante retrocesso social; a globalização; os avanços tecnológicos; as consequências da pandemia da Covid-19; e

---

(290) MORAES, Camila Miranda de. Atuação do Tribunal Superior do Trabalho na Exegese e criação de Direitos Trabalhistas. *Revista do TST*, Brasília, vol. 83, n. 1, p. 217-234, jan./mar. 2017. p. 232.

(291) *Ibid.*, p. 232.

(292) *Ibid.*, p. 233.

o neoliberalismo, reduzindo a proteção social e do Estado àqueles que mais necessitam e que sobrevivem do trabalho.

3.3 Riscos e reflexos da Reforma Trabalhista para o Trabalho Decente

A CRFB/88, ancorada nos princípios das Constituições sociais, estabeleceu as normas para assegurar a dignidade da pessoa humana, a proteção ao trabalho e ao trabalhador. No inciso III, do art. 1º, estabeleceu como um dos fundamentos do Estado Democrático de Direito a dignidade da pessoa humana. No enunciado do art. 7º, determinou expressamente que: "São direitos dos trabalhadores [...], além de outros que visem à melhoria de sua condição social", indicando rol amplo de garantias e proteções ao trabalho e ao trabalhador[293].

Na disposição geral do Título VIII, art. 193, está consignado o objetivo de justiça social, no seguinte teor: "A ordem social tem como base o primado do trabalho, e como objetivo o bem-estar e a justiça sociais". A Lei n. 13.467, de 13 de julho de 2017, implementou profundas alterações na legislação trabalhista, gerando uma precarização ampliada no campo justrabalhista. Entende-se que a Reforma Trabalhista e os atos de precarização que dela decorrem são uma negativa dos fundamentos sociais instituídos na CRFB/88 e constituem um ataque frontal ao conceito de Trabalho Decente definido pela OIT[294].

Antônio Escrivão Filho e José Geraldo de Sousa Júnior afirmam, com espeque na filosofia política, que a aplicação do Direito se constitui em atividade política de fundamental importância, "aprofundada a partir do século XIX", a partir da expansão legislativa e da universalização da jurisdição. A abertura política e a constitucionalização dos direitos sociais, econômicos e culturais constituíram um grande desafio para o Judiciário brasileiro, que passou a ser instado a se pronunciar sobre os

---

(293) ARANTES, Aldo. A Constituição de 1988 e seu contexto histórico, Direitos Sociais? *In*: ARANTES, Aldo *et al.* (org.). *Por que a Democracia e a Constituição estão sendo atacadas?* Rio de Janeiro: Lumen Juris, 2019. p. 60-66.

(294) ARANTES, Delaíde Alves Miranda. Reforma trabalhista do Brasil: Análise da Lei n. 13.467/17 e suas consequências para o Direito do Trabalho e para o sistema de justiça social. *In*: CÉSAR, João Batista Martins; OLIVA, José Roberto Dantas (org.). *O trabalho decente no mundo contemporâneo e a reforma trabalhista.* São Paulo: LTr, 2020. p. 34-46.

fundamentos do Estado e sobre a relação estabelecida entre as decisões judiciais e sua repercussão política na sociedade[295].

Os autores abordam o dilema e a oposição que a Reforma Trabalhista provocou no Poder Judiciário, em razão da cultura judicial histórica "desinteressada" e da falta de costume de apreciar e julgar problemas sociais. Mencionam em sua obra, inclusive, os antecedentes de atos autoritários, como o Ato Institucional n. 5, por exemplo, que acabaram por afastar o Poder Judiciário do julgamento de violações de direitos humanos e de atos de governo durante a ditadura militar[296].

Assim, com a formação de integrantes do Judiciário, por meio de uma cultura "arcaica", com o discurso da neutralidade e sob o pálio do formalismo positivista, o implemento do regime democrático para o Judiciário brasileiro transformou-se num desafio enorme, frente às novas atribuições de solucionar conflitos públicos e de interesse social e de assegurar a efetivação dos direitos humanos, todos de elevada densidade política. Os autores ponderam que, no sistema constitucional democrático, o Judiciário se encontra diante de desafios históricos rumo à reconstrução de sua função social, além de ser constantemente provocado a resolver conflitos sociais, frente a uma sociedade empoderada para reivindicar direitos, resultando na expansão de seu poder de intervir e resolver demandas das classes sociais[297].

Márcio Pochmann alerta que este cenário está sendo alterado em razão da "emergência de uma segunda onda de globalização capitalista". Com força propulsora principal nas corporações transnacionais, pela via da "desregulação decorrente do receituário neoliberal impõe seus interesses contrários às políticas públicas tributárias, ambiental, social, trabalhista, entre outras". A desregulação que está sendo levada a efeito enfraquece também a soberania e a autonomia das políticas públicas, as quais se tornam a cada dia mais subordinadas à ordem econômica neocolonial. Nesse contexto se dá a reformulação do sistema de proteção

---

(295) ESCRIVÃO FILHO, Antônio; SOUZA JÚNIOR, José Geraldo de. *Para um debate teórico-conceitual e político sobre os direitos humanos*. Belo Horizonte: D'Plácido, 2021. p. 153-154.

(296) *Ibid.*, p. 155.

(297) *Ibid.*, p. 155-156.

social e trabalhista que vem acontecendo intensamente no Brasil, especialmente a partir do segundo semestre de 2016[298].

O autor pondera que a prevalência do desemprego, o aumento de subutilização da força de trabalho e a ampliação quantitativa do trabalho precário são o resultado do funcionamento do mercado de trabalho brasileiro, por imposição das reformas neoliberais recentes, principalmente a partir de meados de 2016. Observa ele que essa polarização crescente é reveladora da destruição dos postos de trabalho formais, do aumento das ocupações não assalariadas sem proteção trabalhista e social. E afirma que: "Do progresso registrado em torno da construção de uma estrutura social [...] sistematizado pela Constituição Federal de 1988, constata-se neste início de século XXI, o retorno à forte polarização no interior do mundo do trabalho"[299].

A chamada Reforma Trabalhista, levada a efeito pela Lei n. 13.467/17, e seus efeitos deletérios para o Direito e o Processo do Trabalho, bem como a projeção de seus reflexos no padrão decisório do TST, principalmente no que se refere à garantia constitucional do trabalho digno, constitui objeto de pesquisa e estudo de Maria Cecília de Almeida Monteiro Lemos. Para ela, a "reforma trabalhista, implementada para aprofundar o neoliberalismo no Brasil [...] promoveu precarização das relações de trabalho em todos os países em que foi realizada". A autora faz referência à pesquisa do CESIT-UNICAMP reafirmando o "esvaziamento do conceito de trabalho digno" nas esferas do direito individual, coletivo, material e processual do Direito do Trabalho[300].

A autora reafirma fundamentos doutrinários abalizados, apontando para inconstitucionalidades e inconvencionalidades da Lei n. 13.467/17, salientando a contribuição do estudo e da pesquisa sobre o tema, para que "o Tribunal Superior do Trabalho construa um padrão regulatório firme, que assegure o respeito aos direitos fundamentais dos trabalhadores e

---

(298) POCHMANN, Márcio. O movimento do trabalho frente à desconstituição da CLT. *In*: FRAGA, Ricardo Carvalho (coord.). *Direito do Trabalho*: após reformas. Gramado, RS: Aspas Editora, 2020. p. 447-471. p. 451-452.

(299) *Ibid.*, p. 468.

(300) LEMOS, Maria Cecília de Almeida Monteiro. *O dano existencial nas relações de trabalho intermitente*: reflexões na perspectiva do direito fundamental ao trabalho digno. São Paulo: LTr, 2020. p. 234-235.

reforce o discurso constitucional da Corte Trabalhista, orientado pela plataforma de proteção ao trabalho de 1988"[301]

Mauricio Godinho Delgado e Gabriela Neves Delgado chamam a atenção para o rebaixamento radical provocado pela Lei n. 13.467/17 quanto às garantias mínimas trabalhistas, "o patamar mínimo civilizatório" decorrente dos direitos individuais e sociais trabalhistas assegurados pela CRFB/88, pelas normas internacionais e pela "legislação heterônoma estatal até então vigente", afetando de igual modo o Direito Processual Trabalhista, criando um cenário que inviabiliza a correção de perdas econômicas, jurídicas e sociais "por intermédio da cidadania processual democrática"[302].

É imperativo, portanto, que a pesquisa sobre o Trabalho Decente leve em consideração as consequências da Lei n. 13.467/17 e de seus efeitos de precarização das relações de trabalho, bem como os reflexos na instrumentalização do Direito Material do Trabalho, que se dá por meio de decisões judiciais nas Varas do Trabalho, nos Tribunais Regionais do Trabalho e, por fim, no Tribunal Superior do Trabalho.

3.4 Controle de convencionalidade: aplicação das normas internacionais de direitos humanos trabalhistas e o Trabalho Decente na jurisprudência do TST

Mauricio Godinho Delgado e Gabriela Neves Delgado analisam o controle de convencionalidade de normas de direitos humanos trabalhistas na ordem internacional com sua vinculação à Justiça do Trabalho no Brasil. Segundo os autores, o parâmetro para esse controle são as convenções e as declarações internacionais da Organização Internacional do Trabalho (OIT), bem como a incorporação ao sistema jurídico brasileiro de seus documentos e normas.[303]

---

(301) LEMOS, Maria Cecília de Almeida Monteiro. *O dano existencial nas relações de trabalho intermitente*: reflexões na perspectiva do direito fundamental ao trabalho digno. São Paulo: LTr, 2020. p. 235.

(302) *Ibid.*, p. 325.

(303) DELGADO, Mauricio Godinho; DELGADO, Gabriela Neves. Apontamentos sobre o controle jurisdicional de convencionalidade das normas de direitos humanos trabalhistas no Brasil: uma análise a partir das convenções e declarações internacionais da OIT. *In*: NEMER, Alberto *et al.* (coord.). *Coleção Direito Material e Processual do Trabalho Constitucionalizados*: direito processual. Porto Alegre: Lex Magister; OAB Nacional, 2020. v. 2. p. 275-318.

O estudo realizado pelos referidos autores aborda a concepção de direitos humanos, a abrangência de suas fontes, as modificações ocorridas ao longo do tempo e a natureza jurídica dos direitos humanos, analisando tratados, convenções e documentos internacionais sobre direitos sociais e individuais trabalhistas. Conforme indicam, prevalecem o princípio da norma mais favorável à pessoa humana trabalhadora com seus consectários e a proibição do retrocesso social como "vetores obrigatórios para a fixação dos critérios de interpretação e de solução do conflito normativo posto". A Constituição da República Federativa do Brasil (CRFB/88) incorpora expressamente a vedação do retrocesso social e consagra o princípio da progressividade, como posto no § 2º do art. 5º[304].

Mauricio Godinho Delgado e Gabriela Neves Delgado afirmam que a ordem jurídica internacional afirmativa dos direitos humanos, econômicos, sociais, culturais e trabalhistas impõe ao sistema jurídico brasileiro instrumentos de controle de convencionalidade, na hipótese de confronto entre os ordenamentos jurídicos externo e interno. No sistema judicial pátrio, surge o "controle jurisdicional da convencionalidade dos diplomas normativos ou de suas normas jurídicas integrantes", importante mecanismo para assegurar a aplicação do princípio da norma mais favorável à pessoa humana trabalhadora e garantir o princípio da vedação do retrocesso social[305].

A imperatividade dos preceitos dos "diplomas normativos da Organização Internacional do Trabalho" aos Estados convenentes está contida expressamente na *Constituição da OIT*, a despeito da resistência neoliberal em considerar como parte dos direitos humanos os direitos econômicos, sociais, culturais e trabalhistas. O item 8 do art. 19 da *Constituição da OIT* realça o princípio da norma mais favorável à pessoa humana trabalhadora, o qual, no âmbito do Direito Internacional de Direitos Humanos, é denominado princípio *pro homine*[306].

---

(304) DELGADO, Mauricio Godinho; DELGADO, Gabriela Neves. Apontamentos sobre o controle jurisdicional de convencionalidade das normas de direitos humanos trabalhistas no Brasil: uma análise a partir das convenções e declarações internacionais da OIT. *In*: NEMER, Alberto *et al.* (coord.). *Coleção Direito Material e Processual do Trabalho Constitucionalizados*: direito processual. Porto Alegre: Lex Magister; OAB Nacional, 2020. v. 2. p. 288-290.
(305) *Ibid.*, p. 309.
(306) *Ibid.*, p. 309-310.

Sobre o instrumento do controle de convencionalidade no âmbito da Justiça do Trabalho brasileira, os autores apresentam no estudo em comento a lição a seguir transcrita:

> Envolvendo, dessa maneira, tema de competência da Justiça do Trabalho, o conflito será resolvido no interior do processo judicial trabalhista, quer individual, quer coletivo, nas distintas esferas da Justiça do Trabalho, desde a primeira instância, passando pelo respectivo TRT, podendo ainda chegar, respeitadas as regras processuais pertinentes, às próprias turmas e sessões especializadas do Tribunal Superior do Trabalho.[307]

O controle de convencionalidade é um importante mecanismo processual à disposição da autoridade judicial, observadas as regras processuais internas. O seu exercício visa assegurar efetividade jurídica e eficácia às normas internacionais de direitos humanos trabalhistas, direitos das esferas individuais, econômicas, sociais, culturais e trabalhistas[308].

Valério de Oliveira Mazzuoli traz lições sobre o controle de convencionalidade no Sistema Interamericano de Direitos Humanos. Adverte que é um dever do juiz nacional compatibilizar as normas internas com os tratados internacionais de direitos humanos mais benéficos. Refere-se o autor, em especial, à *Convenção Americana sobre Direitos Humanos*, de 1969, de acordo com a qual os Estados partícipes têm o dever de respeito aos direitos e liberdades nela reconhecidos. Além da obrigação convencional, o referido controle é obrigatório em razão da jurisprudência da Corte Interamericana de Direitos Humanos, a última intérprete da *Convenção Americana de Direitos Humanos*[309].

A Corte Interamericana tem reafirmado em seus pronunciamentos a preocupação de que o controle de convencionalidade seja efetivamente

---

(307) DELGADO, Mauricio Godinho; DELGADO, Gabriela Neves. Apontamentos sobre o controle jurisdicional de convencionalidade das normas de direitos humanos trabalhistas no Brasil: uma análise a partir das convenções e declarações internacionais da OIT. *In*: NEMER, Alberto *et al.* (coord.). *Coleção Direito Material e Processual do Trabalho Constitucionalizados*: direito processual. Porto Alegre: Lex Magister; OAB Nacional, 2020. v. 2. p. 311.

(308) *Ibid.*, p. 311-212.

(309) MAZZUOLI, Valério de Oliveira. *Controle jurisdicional da convencionalidade das leis*. 5. ed. Rio de Janeiro: Forense, 2018. p. 35-36.

exercitado pelo Poder Judiciário dos Estados-partes. Pela *Convenção Americana*, os juízes desses Estados têm o dever de compatibilizar as normas internas com os instrumentos internacionais de direitos humanos de que o Estado figure como parte. Assim, a atuação do Poder Judiciário em relação aos tratados de direitos humanos é direta, independente de pedido da parte demandante no processo, em razão de decorrer da jurisprudência vinculante da Corte Interamericana. A análise da compatibilidade do regramento interno com as normas internacionais deverá ser feita preliminarmente, antes do exame e julgamento do mérito da pretensão principal[310].

Ensina Valério de Oliveira Mazzuoli que o exame da compatibilidade da norma nacional com a internacional é pressuposto e que, somente após a aferição *de ofício* da convencionalidade, é que o juiz pode passar ao exame de mérito do pedido principal e proferir a sentença. Ao magistrado cabe ainda o conhecimento do conteúdo e da eficácia da norma internacional mais benéfica, assim como a interpretação da Corte Interamericana sobre ela. A "atividade do juiz convencional", que se dá como desdobramento de competência funcional, confere-lhe a posição de juiz interno e internacional ao mesmo tempo. O autor enfatiza: "Tudo o que não pode o Poder Judiciário fazer é deixar de aplicar a normativa internacional de proteção a pretexto de não a conhecer ou de não ter familiaridade com os seus mandamentos"[311].

O controle de convencionalidade no âmbito do processo trabalhista é tratado por Platon Teixeira de Azevedo Neto, em estudo sobre as convenções e documentos internacionais referentes aos objetivos do Trabalho Decente. O autor pondera a respeito da ressignificação da atuação da OIT desde a *Declaração de Princípios e Direitos Fundamentais no Trabalho*, de 1998, no sentido de que esse controle em matéria trabalhista deve ser feito *de ofício* pelo julgador da esfera trabalhista, em decorrência de questões reguladas pelos Tratados Internacionais de Direitos Humanos. Isso decorre de compromisso do Brasil com a sociedade internacional e de disposições da CRFB/88, que estabelece direitos e garantias em tratados internacionais de direitos humanos,

---

(310) MAZZUOLI, Valério de Oliveira. *Controle jurisdicional da convencionalidade das leis*. 5. ed. Rio de Janeiro: Forense, 2018. p. 36.

(311) *Ibid.*, p. 37.

além dos direitos fundamentais e da dignidade da pessoa humana trabalhadora nela assegurados[312].

O significado é que o Direito Internacional e o Direito Interno dos direitos humanos formam juntos um "macro sistema de proteção do cidadão brasileiro". A ratificação da *Convenção de Viena sobre Direitos dos Tratados* pelo Brasil significa que, no País, não se pode aplicar norma interna dissonante com o referido Tratado, porque assim dispõem os arts. 26 e 27 da *Convenção*. Por tais razões, cabe ao julgador brasileiro, em cada caso a ser apreciado em sua função jurisdicional, realizar a comparação entre a norma interna e a internacional, aferindo, assim, sua conformidade a partir do instrumento do controle de convencionalidade[313].

Platon Teixeira de Azevedo Neto pondera que, a despeito da obrigação do exame *de ofício* da convencionalidade pelo julgador, nada impede a provocação das partes em litígio. Ressalta a importância de se avançar na cultura jurídica quanto à convencionalidade das normas internas. E faz enfática recomendação sobre a importância da formação de uma cultura de adoção desse controle pelo Judiciário, mas também pelos demais atores sociais envolvidos na demanda, por meio da seguinte lição:

> Quanto mais a matéria for suscitada pelas partes, por intermédio de seus advogados, pelo Ministério Público do Trabalho, pelos sindicatos e outros atores processuais, maior será a cultura jurídica em direitos humanos, que acaba sendo contagiante.[314]

Na mesma linha da formação de uma cultura de apreciação da convencionalidade das normas internas, é preciso considerar que nos últimos anos a temática adquiriu ainda maior importância, devido ao avanço do neoliberalismo, ao surgimento de novas tecnologias e ao aprofundamento da desigualdade, principalmente a partir do advento da Lei n. 13.467/17, a "lei da reforma trabalhista". Platon Teixeira de Azevedo Neto realiza em seu estudo um detalhamento

---

(312) AZEVEDO NETO, Platon Teixeira de. *Controle de convencionalidade em matéria trabalhista*. Brasília, DF: Venturoli, 2021. p. 67-68.
(313) *Ibid.*, p. 68-69.
(314) *Ibid.*, p. 69.

de diversos artigos da referida lei e apresenta um demonstrativo de suas inconvencionalidades. Enfatiza a obrigatoriedade do Judiciário Trabalhista em apreciar em suas decisões o controle da convencionalidade, a fim de manter o mínimo existencial e garantir os direitos humanos trabalhistas e os direitos fundamentais assegurados na CRFB/88 e nas normas internacionais[315].

A respeito do dever de proteção dos direitos humanos pelo Poder Judiciário, Lorena Vasconcelos Porto, Silvio Beltramelli Neto e Thiago Gurjão Alves Ribeiro asseveram que os direitos trabalhistas constituem a enunciação explícita pelas normas internacionais e fundamentais: a "Dignidade da Pessoa Humana dentro dos sistemas internacionais, global e interamericano, o que faz concluir ser consenso jurídico-internacional não haver existência digna onde não há a garantia ao patamar mínimo de proteção trabalhista dada por lei"[316].

Os autores ponderam sobre a progressividade e a proibição do retrocesso social, afirmados na *Convenção da OIT n. 117 – Objetivos e Normas Básicas da Política Social*, de 1962, ratificada pelo Brasil em 1969, especialmente na parte I, dos Princípios Gerais (art. I, 1 e 2), e na parte II, sobre a elevação dos níveis de vida. Atentam ainda para a imprescindibilidade de "um olhar mais atento dos operadores do Direito para a experiência histórica e duradoura da OIT", considerando que a Organização Internacional do Trabalho é uma instituição de vanguarda, à qual compete a "proteção de normas essencialmente sociais, atinentes às relações de trabalho", sendo "referência em matéria de proteção internacional de direitos sociais [...]"[317].

Lorena Vasconcelos Porto, Silvio Beltramelli Neto e Thiago Gurjão Alves Ribe advertem que o Poder Judiciário nacional, incluindo os juízes de primeira instância, têm a obrigação jurídica de realizar, *de ofício*, o controle de convencionalidade das leis internas, na condição de agentes do Estado com vinculação às normas do Direito Internacional

---

(315) AZEVEDO NETO, Platon Teixeira de. *Controle de convencionalidade em matéria trabalhista*. Brasília, DF: Venturoli, 2021. p. 87, item 3.4 (p. 87-113), item 3.5 (p. 113-126).
(316) PORTO, Lorena Vasconcelos; BELTRAMELLI NETO, Silvio; RIBEIRO, Thiago Gurjão Alves. O dever de proteção dos direitos humanos pelo Poder Judiciário. *In*: PORTO, Lorena Vasconcelos; BELTRAMELLI NETO, Silvio; RIBEIRO, Thiago Gurjão Alves. *Temas da Lei n. 13.467/2017 (Reforma Trabalhista)*: à luz das normas internacionais. Brasília: Gráfica Movimento, 2018. p. 8-37. p. 26.
(317) *Ibid.*, p. 26-27.

dos Direitos Humanos. As decisões judiciais devem apreciar e julgar as desconformidades das normas internas à luz das normas internacionais e declarar a inconvencionalidade[318].

Os autores elencam em seu estudo as normas que vinculam a magistratura nacional à obrigação jurídica em proceder ao controle da convencionalidade. No plano nacional, decorre do preceito do art. 5º, § 3º, da CRFB/88 e de entendimento já consagrado pelo STF e pela Corte Interamericana de Direitos Humanos, com jurisdição reconhecida pelo Brasil, por intermédio do Decreto Legislativo n. 89, de 1998. Nesse passo, citem-se, entre as principais normas internacionais, as seguintes:

> [...] tratados internacionais de direitos humanos ratificados pelo Brasil art. 2.2. do Pacto Internacional de Direitos Humanos de 1969, da ONU; artigos 1º e 2º da Convenção Americana sobre Direitos Humanos de 1969, da OEA; e artigo 2º do Protocolo Adicional à Convenção Americana sobre Direitos Humanos em matéria de Direitos Econômicos, Sociais e Culturais, de 1988, da OEA.[319]

Assim, concluem eles que é dever do Judiciário nacional, especialmente da Justiça do Trabalho, realizar o controle de convencionalidade, consistente em aferir a conformidade das leis e normas nacionais com os tratados e normas internacionais, os ratificados pelo País, os de direitos humanos trabalhistas e os de cunho supralegal, a teor da jurisprudência do Supremo Tribunal Federal[320].

O controle de convencionalidade no âmbito do TST foi objeto de estudo e pesquisa apresentada por Ana Virgínia Moreira Gomes e Sarah Linhares Ferreira Gomes[321], as quais afirmam que:

---

(318) PORTO, Lorena Vasconcelos; BELTRAMELLI NETO, Silvio; RIBEIRO, Thiago Gurjão Alves. Trabalho autônomo. *In*: PORTO, Lorena Vasconcelos; BELTRAMELLI NETO, Silvio; RIBEIRO, Thiago Gurjão Alves. *Temas da Lei n. 13.467/2017 (Reforma Trabalhista)*: à luz das normas internacionais. Brasília: Gráfica Movimento, 2018. p. 64-91. p. 68.

(319) *Ibid.*, p. 68.

(320) *Ibid.*, p. 68.

(321) GOMES, Ana Virgínia Moreira; FERREIRA, Sarah Linhares. Análise do controle de convencionalidade das convenções da OIT no âmbito do Tribunal Superior do Trabalho. *In*: ROCHA, Cláudio Jannotti da *et al*. *A comunicabilidade do direito internacional do trabalho e o direito do trabalho brasileiro*. São Paulo: Tirant lo Blanch, 2020. p. 96-109. (Coleção Internacional do Trabalho; 2). E-book. p. 96-109.

[...] inobstante a imprescindibilidade do exercício do controle de convencionalidade, os dados indicam que das 600 decisões judiciais coletadas, apenas três fundamentaram sua argumentação na existência de uma antinomia, isto é, um conflito de normas, no caso, interna e internacional. Ademais, nenhuma utilizou o termo "controle de convencionalidade.[322]

As autoras afirmam no estudo que o importante instrumento de controle da convencionalidade "[...] pouco vem sendo exercido no âmbito do TST, não sendo sequer objeto de discussão pelos julgadores, não obstante a sua importância e imprescindibilidade para a efetiva integração entre o direito internacional e o direito nacional". Observam elas que um dos fundamentos para não se aplicar esse mecanismo no Tribunal Superior do Trabalho é o fato de não constarem, expressamente, as convenções e as normas internacionais de direitos humanos entre as hipóteses de cabimento dos Recursos de Revista perante o Tribunal (art. 896, da CLT)[323].

A pesquisa traz como referência de precedente em sentido oposto o RR-1076-13.2012.5.02.0049, da 7ª Turma do TST, de relatoria do Ministro Cláudio Mascarenhas Brandão[324]. Apontam as autoras que a decisão sinaliza para a admissibilidade de recursos como o Recurso de Revista "[...] em face de tratados internacionais, devendo o caso ser considerando como paradigma para possibilitar a apreciação do mérito das Convenções e Documentos da Organização Internacional do Trabalho"[325].

---

(322) GOMES, Ana Virgínia Moreira; FERREIRA, Sarah Linhares. Análise do controle de convencionalidade das convenções da OIT no âmbito do Tribunal Superior do Trabalho. *In*: ROCHA, Cláudio Jannotti da *et al*. *A comunicabilidade do direito internacional do trabalho e o direito do trabalho brasileiro*. São Paulo: Tirant lo Blanch, 2020. p. 96-109. (Coleção Internacional do Trabalho; 2). *E-book*. p. 96-109. p. 103.

(323) *Ibid.*, p. 105-107.

(324) BRASIL. Tribunal Superior do Trabalho. 7ª Turma. *Acórdão do RR-1076-13.2012.5.02.0049*. Relator: Ministro Cláudio Mascarenhas Brandão. Julg. 24/04/2019. Publ. DEJT, 03/05/2019. Disponível em: <http://aplicacao5.tst.jus.br/consultaDocumento/acordao.do?anoProcInt=2017&numProcInt=70963&dtaPublicacaoStr=03/05/2019%2007:00:00&nia=7334649>. Acesso em: 2 fev. 2022.

(325) GOMES, Ana Virgínia Moreira; FERREIRA, Sarah Linhares. Análise do controle de convencionalidade das convenções da OIT no âmbito do Tribunal Superior do Trabalho. *In*: ROCHA, Cláudio Jannotti da *et al*. *A comunicabilidade do direito internacional do trabalho e o direito do trabalho brasileiro*. São Paulo: Tirant lo Blanch, 2020. p. 96-109. (Coleção Internacional do Trabalho; 2). *E-book*. p. 108.

Nesse sentido, o estudo propõe a interpretação extensiva do art. 896, inciso "c", da CLT, considerando os dados analisados na pesquisa quantitativa. A conclusão é que ainda é insuficiente o exercício do controle de convencionalidade na esfera da mais alta Corte da Justiça do Trabalho no Brasil, o Tribunal Superior do Trabalho, a despeito da hierarquia supralegal das convenções da OIT, reconhecida pelo Supremo Tribunal Federal[326].

O controle da convencionalidade das normas internas é essencial para a efetividade dos direitos fundamentais trabalhistas, a fim de assegurar o trabalho digno preconizado na Constituição Federal de 1988, na Agenda do Trabalho Decente e nas normas internacionais, mais especificamente da OIT. Assim, importante a referência a estudos da temática, para contribuir para a implementação de uma política judiciária voltada ao controle das leis e normativas internas que contrariem as normas internacionais de direitos humanos trabalhistas.

Os estudos referidos neste livro não são referenciais subjetivos, mas têm origem em análises de dados, de documentos, da legislação nacional e internacional, da jurisprudência e de ensinamentos doutrinários. Vale mencionar, ainda, o estudo apresentado por Silvio Beltramelli Neto, que analisa o controle de convencionalidade das normas internacionais com aplicabilidade às relações de trabalho no Brasil e outros pontos relevantes[327]. A respeito, pontua o autor:

> [...] o controle de convencionalidade, em que pese ainda não tenha conquistado lugar cativo junto à comunidade jurídica brasileira [...] pode assumir função importante de afirmação dos direitos humanos em matéria trabalhista, **contanto que a comunidade jurídica dele se apodere com uma postura orientada à estável e permanente interlocução entre as fontes normativo-jurisprudenciais nacionais e internacionais,**

---

(326) GOMES, Ana Virgínia Moreira; FERREIRA, Sarah Linhares. Análise do controle de convencionalidade das convenções da OIT no âmbito do Tribunal Superior do Trabalho. *In*: ROCHA, Cláudio Jannotti da *et al*. *A comunicabilidade do direito internacional do trabalho e o direito do trabalho brasileiro*. São Paulo: Tirant lo Blanch, 2020. p. 96-109. (Coleção Internacional do Trabalho; 2). *E-book*. p. 108-109.

(327) BELTRAMELLI, Silvio Neto. Hierarquia das convenções internacionais no direito interno e o controle de convencionalidade das normas internacionais do trabalho. *In*: ROCHA, Cláudio Jannotti da *et al*. (org.). *Direito Internacional do Trabalho*: Aplicabilidade e Eficácia dos Instrumentos Internacionais de Proteção ao Trabalhador. São Paulo: LTr, 2018. cap. 41. p. 453-465.

inspirada pelo princípio da proteção do ser humano que vive da força de trabalho.⁽³²⁸⁾ (sem grifos no original).

Na mesma linha, Ely Talyuli Júnior, ao pesquisar sobre o controle de convencionalidade dos tratados internacionais de direitos humanos, afirma, ao abrigo dos ensinamentos estudados, que é possível concluir pela necessidade:

> [...] de olhar para o Direito Internacional do Trabalho com um viés jurídico- integrativo e compreendê-lo, de uma vez por todas, a aplicabilidade e prevalência de tais Diplomas Convencionais sobre a norma potencialmente prejudicial ao trabalhador [...].⁽³²⁹⁾

O autor ressalta a importância de o Brasil homenagear o diálogo de fontes normativas, por meio da integração dos direitos humanos ao sistema interno, com a redemocratização das normas que estiverem em desconformidade com as diretrizes das normas de direitos humanos trabalhistas⁽³³⁰⁾. Essa mudança viria valorizar os direitos que conferem dignidade à pessoa humana trabalhadora por meio de normas internacionais destinadas à tutela dos "bens da vida primordiais (dignidade, vida, segurança, liberdade, honra, moral, entre outros)". Ao intérprete brasileiro cabe assumir o papel junto à comunidade internacional de reconhecer, aplicar e internalizar os direitos humanos fundamentais. O autor adverte que a estrutura normativa (e, acrescente-se, a judiciária) do País não dá a importância necessária às normatizações do Direito Internacional do Trabalho⁽³³¹⁾.

Ely Talyuli Júnior pesquisou decisões do TST em que se discutiu a acumulação de adicionais de insalubridade e periculosidade, tema em pauta nos últimos anos envolvendo o controle de convencionalidade e normas internacionais da OIT. O marco foi uma decisão da 7ª Turma do TST, em processo de relatoria do Ministro Cláudio Mascarenhas Brandão, em que prevaleceu a aplicabilidade das normas da OIT, desde

---

(328) BELTRAMELLI, Silvio Neto. Hierarquia das convenções internacionais no direito interno e o controle de convencionalidade das normas internacionais do trabalho. In: ROCHA, Cláudio Jannotti da *et al.* (org.). *Direito Internacional do Trabalho*: Aplicabilidade e Eficácia dos Instrumentos Internacionais de Proteção ao Trabalhador. São Paulo: LTr, 2018. cap. 41. p. 464.

(329) TALYULI JÚNIOR, Ely. *A cumulação dos adicionais de insalubridade e periculosidade, sob a perspectiva constitucional e internacional, como proteção jurídica à saúde do trabalhador*. São Paulo: LTr, 2018. cap. 3. p. 103.

(330) *Ibid.*, p. 114-116.

(331) *Ibid.*, p. 116.

que benéficas ao trabalhador. No entanto, a decisão foi alterada pela Seção de Dissídios Individuais I (SBDI-1) do TST, à margem das garantias internacionais com a exclusão do direito à acumulação dos adicionais de insalubridade e periculosidade, mesmo no caso de o trabalhador se sujeitar aos dois riscos ao mesmo tempo[332].

O tema em estudo, o controle de convencionalidade, ingressou no cenário nacional, de início, com forte influência das pesquisas e obras de Valério Oliveira Mazzuoli, quando o STF apreciava a matéria. E se intensificou com os debates e o julgamento do Supremo Tribunal Federal sobre a natureza e as formas de internalização dos tratados, convenções e documentos da ordem internacional em matéria de direitos humanos e sociais.

Pode-se afirmar que, no campo doutrinário, Valério de Oliveira Mazzuoli é precursor do tema no Brasil e também seu entusiasta. De fato, desde sua tese de doutorado, defendida em 2008, o jurista defendeu o controle jurisdicional da convencionalidade das leis[333], que culminou na publicação de seu livro de mesmo título, pioneiro no Brasil.[334] Ali se propôs um verdadeiro diálogo das fontes de direito que obriga os órgãos do Poder Judiciário ao seu exercício diuturno, para o fim de invalidar normas do Direito interno incompatíveis com os tratados de direitos humanos em vigor no Brasil, quando menos benéficas ao ser humano sujeito de direitos, alinhando, assim, as decisões internas com o posicionamento jurisprudencial da Corte Interamericana de Direitos Humanos, a partir do caso *Almonacid Arellano e Outros vs. Chile*, julgado em 2006.[335]

---

(332) BRASIL. Tribunal Superior do Trabalho. 7ª Turma. Processo: E-RR-1072-72.2011.5.02.0384. Relator: Ministro Cláudio Mascarenhas Brandão. Julg. 13/10/2016. Publ. DEJT, 08/09/2017. Disponível em: http://aplicacao4.tst.jus.br/consultaProcessual/decisaoForm.do?numInt=129317&anoInt=2013&codOrgaoJudic=53&anoPauta=2016&numPauta=27&tipSessao=O. Acesso em: 2 fev. 2022.

(333) MAZZUOLI, Valério de Oliveira. *Rumo às novas relações entre o direito internacional dos direitos humanos e o direito interno*: da exclusão à coexistência, da intransigência ao com diálogo das fontes. Tese (Doutorado em Direito) – Faculdade de Direito, UFRGS, Porto Alegre, 2008.

(334) MAZZUOLI, Valério de Oliveira. *Controle jurisdicional da convencionalidade das leis*. 5. ed. Rio de Janeiro: Forense, 2018.

(335) "A Corte tem consciência de que os juízes e tribunais internos estão sujeitos ao império da lei e, por isso, estão obrigados a aplicar as disposições vigentes no ordenamento jurídico. Porém, quando um Estado ratifica um tratado internacional como a Convenção Americana, seus juízes, como parte do aparato do Estado, também estão submetidos a ela, o que os obriga a velar para que os efeitos das disposições da Convenção não se vejam prejudicados pela aplicação de leis contrárias

Encampado por Valério de Oliveira Mazzuoli – que inclusive integrou vários grupos de trabalho e inspirou o texto da Recomendação n. 123/2022 do CNJ[336] –, o controle jurisdicional da convencionalidade das leis já demonstrava ser pauta de vários tribunais brasileiros, os quais, à sua maneira, passaram a reconhecer, na prática, a importância do efetivo exercício do controle de convencionalidade nas decisões aplicadas nos casos concretos.

Cite-se, nesse sentido, o pioneirismo da Corregedoria-Geral de Justiça do Tribunal de Justiça de Tocantins, na edição da Recomendação n. 01/2017[337], seguido pelo Tribunal de Justiça de Mato Grosso do Sul[338] e pelo Tribunal de Justiça de Mato Grosso[339], entre outros. Assim, a recém-publicada Recomendação n. 123/2022 do CNJ não somente apresenta-se como uma forma de reconhecimento nacional da importância do controle de convencionalidade das leis, mas também demonstra ser instrumento para encorajar os juízes e tribunais nacionais a aplicar devidamente os tratados internacionais de direitos humanos em vigor no Brasil.

---

ao seu objeto e fim, e que desde o seu início carecem de efeitos jurídicos. Em outras palavras, o Poder Judiciário deve exercer uma espécie de 'controle de convencionalidade' entre as normas jurídicas internas que aplicam nos casos concretos e a Convenção Americana sobre Direitos Humanos. Nesta tarefa, o Poder Judiciário deve ter em conta não somente o tratado, senão também a interpretação que do mesmo tem feito a Corte Interamericana, intérprete última da Convenção Americana." (CORTE INTERAMERICANA DE DIREITOS HUMANOS. *Caso Almonacid Arellano e Outros vs. Chile*. Exceções Preliminares, Mérito, Reparações e Custas, sentença de 26 de setembro de 2006, Série C, n. 154, § 124)

(336) BRASIL. Conselho Nacional de Justiça. *Recomendação n. 123, de 7 de janeiro de 2022*. Recomenda aos órgãos do Poder Judiciário brasileiro a observância dos tratados e convenções internacionais de direitos humanos e o uso da jurisprudência da Corte Interamericana de Direitos Humanos. Brasília, 7 jan. 2022. Disponível em: encurtador.com.br/fnuP7. Acesso em: 6 fev. 2022.

(337) *In verbis*: "Art. 1º Recomendar aos magistrados que observem os tratados de direitos humanos e utilizem a jurisprudência da Corte Interamericana de Direitos Humanos (Corte IDH) quando da prolação de despachos, decisões e sentenças." (TOCANTINS. Corregedoria-Geral da Justiça. Recomendação n. 01/2017/CGJUS/CHGABCGJUS. Desembargador Eurípedes Lamounier, *Diário da Justiça*, n. 3964, Palmas, 25/01/2017, p. 41. Disponível em: <https://wwa.tjto.jus.br/diario/diariopublicado/2801.pdf>. Acesso em: 6 fev. 2022.)

(338) MATO GROSSO DO SUL. Instrução de Serviço n. 01/2018/GAB, de 22/03/2018. Desembargador Ruy Celso Barbosa Florence. *Diário de Justiça*, n. 3995, Campo Grande, 26/03/2018.

(339) MATO GROSSO. Corregedoria-Geral da Justiça. *Provimento n. 20/2020*. Dispõe sobre a observância dos tratados de direitos humanos e o uso da jurisprudência da Corte Interamericana de Direitos Humanos. Desembargador Luiz Ferreira da Silva, Cuiabá, 05/06/2020. Disponível em: encurtador.com.br/brIKY. Acesso em: 6 fev. 2022.

O pioneirismo de Valério de Oliveira Mazzuoli, bem como a relevância de sua contribuição para o tema são registrados em artigo de 2009, de autoria de Luiz Flávio Gomes, intitulado *Controle de convencionalidade: Valerio Mazzuoli "versus" STF*[340]. O autor, de saudosa memória, afirma que, ao prefaciar o livro de Valério de Oliveira Mazzuoli sobre o tema controle de convencionalidade, publicado pela Editora RT/SP, ressaltou em seu escrito o seguinte:

> [...] no que diz respeito à obra, inédita no nosso país, que cuida do Controle de convencionalidade das leis, [...] apropriado seja comparar a doutrina de Valério Mazzuoli (que coincide, no STF, com o pensamento do Min. Celso de Mello) com a posição majoritária (por ora) na nossa Corte Suprema conduzida pelo voto do Min. Gilmar Mendes.[341]

No referido prefácio, o autor fala sobre o pioneirismo de Valério de Oliveira Mazzuoli por meio da seguinte afirmação:

> [...] Antes de Valério, no Brasil, praticamente nunca se falou em controle de convencionalidade. Agora, depois da decisão do STF proferida no RE 466.343-SP (e no HC 87.585-TO), no dia 3/12/08, cabe evidenciar duas formas distintas de entender o tema [...][342]

A partir desse registro da história da contribuição de Valério de Oliveira Mazzuoli para a temática do controle de convencionalidade, é imperativo discorrer sobre seu trabalho em prol da formação de uma cultura de implementação desse mecanismo. Ressalte-se ser o tema de tamanha importância em tempos neoliberais, de avanço da globalização e crescimento assustador de pessoas humanas que vivem de seu trabalho, laborando em condições de precariedade, sem contar com as garantias mínimas para uma sobrevivência digna e decente.

Os resultados objetivos se expressam em alguns Estados brasileiros, onde as Corregedorias dos Tribunais de Justiça expediram

---

(340) GOMES, Luiz Flávio. Controle de Convencionalidade: Valerio Mazzuoli "versus" STF. *Migalhas*, 1º jul. 2009. Disponível em: <https://www.migalhas.com.br/depeso/87878/controle-de-convencionalidade--valerio-mazzuoli--versus--stf>. Acesso em: 1º fev. 2022.

(341) *Ibid.*

(342) *Ibid.*

recomendações formais à magistratura, para a adoção do controle de convencionalidade em suas decisões. Conforme já destacado, segue o elenco exemplificativo de Estados da Federação brasileira que adotaram pela via da recomendação à magistratura, o controle da convencionalidade:

1. O Tribunal de Justiça do Estado do Tocantins, Recomendação n. 01/2017/CGJUS/TO: "Dispõe sobre a observância dos tratados de direitos humanos e o uso da jurisprudência da Corte Interamericana de Direitos Humanos"[343].

2. De igual modo, o Tribunal de Justiça do Estado de Mato Grosso editou o Provimento CGJ n. 20/2020[344].

Por fim, é imperativo registrar que o Plenário do Conselho Nacional de Justiça (CNJ) decidiu em sua 61ª Sessão Extraordinária, de 14/12/21, no Ato Normativo 0008759-45.2021.2.00.0000, em que foi relatora a Conselheira Flávia Pessoa, recomendar aos tribunais que sigam a jurisprudência da Corte Interamericana de Direitos Humanos (CIDH)[345].

Em observação ao decidido pelo Plenário do CNJ, o Ministro Presidente do STF, Luiz Fux, editou, em 7/1/22, a Recomendação n. 123, publicada no DJE/CNJ de 11/1/22[346], onde o CNJ recomenda aos órgãos do Poder Judiciário brasileiro a observância dos tratados e convenções

---

(343) TOCANTINS. Corregedoria-Geral da Justiça. *Recomendação n. 01/2017/CGJUS/CHGA-BCGJUS*. Dispõe sobre a observância dos tratados de direitos humanos e o uso da jurisprudência da Corte Interamericana de Direitos Humanos. Desembargador Eurípedes Lamounier, *Diário da Justiça*, n. 3964, Palmas, 25/01/2017, p. 41. Disponível em: <https://wwa.tjto.jus.br/diario/diariopublicado/2801.pdf>. Acesso em: 6 fev. 2022.

(344) MATO GROSSO. Corregedoria-Geral da Justiça. *Provimento n. 20/2020*. Dispõe sobre a observância dos tratados de direitos humanos e o uso da jurisprudência da Corte Interamericana de Direitos Humanos. Desembargador Luiz Ferreira da Silva, Cuiabá, 05/06/2020. Disponível em: <encurtador.com.br/brIKY>. Acesso em: 6 fev. 2022.

(345) BRASIL. Conselho Nacional de Justiça. *Ato Normativo 0008759-45.2021.2.00.0000*. Ato normativo. Autoriza os tribunais a instituírem programas de residência jurídica. Ato aprovado. Relatora: Conselheira Flávia Pessoa. Julg. 14/12/2021. Brasília, 14 dez. 2021. Disponível em: <https://www.cnj.jus.br/InfojurisI2/Jurisprudencia.seam?jurisprudenciaIdJuris=53137&indiceListaJurisprudencia=0&tipoPesquisa=LUCENE&firstResult=6>. Acesso em: 2 fev. 2022.

(346) BRASIL. Conselho Nacional de Justiça. *Recomendação n. 123, de 7 de janeiro de 2022*. Recomenda aos órgãos do Poder Judiciário brasileiro a observância dos tratados e convenções internacionais de direitos humanos e o uso da jurisprudência da Corte Interamericana de Direitos Humanos. Brasília, 7 jan. 2022. Disponível em: <encurtador.com.br/fnuP7>. Acesso em: 6 fev. 2022.

internacionais de direitos humanos e o uso da jurisprudência da Corte Interamericana de Direitos Humanos (CIDH).

A Recomendação n. 123 contempla, ainda, o chamado "controle de convencionalidade", cabendo aos juízes compatibilizar as decisões internacionais ao ordenamento jurídico brasileiro, a fim de aplicar a norma mais benéfica à promoção dos direitos humanos.

Ressalte-se que a Recomendação n. 123 do CNJ alinha-se aos princípios fundamentais da CRFB/88, bem como às diretrizes do Poder Judiciário, no que se refere ao compromisso de todo o Judiciário brasileiro ao conferir concretude aos direitos estabelecidos em tratados, convenções e demais instrumentos internacionais destinados à proteção dos direitos humanos. A Recomendação n. 123 é de grande relevância para o Direito do Trabalho e para a Justiça do Trabalho, que instrumentaliza os direitos sociais.

3.5 Pesquisa jurisprudencial: análise da projeção do Trabalho Decente na jurisprudência consolidada doTribunal Superior do Trabalho

Após a análise dos direitos humanos trabalhistas na perspectiva da OIT, em especial sob o prisma da dignidade da pessoa humana como paradigma dos direitos humanos e fundamentais trabalhistas, passa-se ao estudo do Trabalho Decente, sua criação, seu conceito e evolução, ainda como programa instituído pela OIT, no ano de 1999. A pesquisa tem por objetivo verificar a concretude da aplicação prática dos princípios do Trabalho Decente da OIT na jurisprudência do TST. No presente capítulo são apresentados o objetivo e o desenvolvimento da pesquisa, realizada pelo método científico hipotético-dedutivo, servindo-se do procedimento de pesquisa documental e as formas de abordagem na modalidade quantitativa e qualitativa.

3.5.1 Metodologia de Pesquisa: Apresentação do Problema e das Hipóteses

Considera-se, inicialmente, que todo projeto de pesquisa científica deve apresentar a delimitação do problema que se pretende investigar e as hipóteses que deverão ser analisadas ao longo da pesquisa. O tema proposto é "Trabalho Decente: uma análise perspectiva dos direitos humanos trabalhistas a partir do padrão decisório do Tribunal Superior do Trabalho". Assim, não se pode deixar de investigar a utilização do conceito de Trabalho Decente, bem como das orientações dos direitos humanos trabalhistas, da ordem internacional e dos documentos, convenções, recomendações e demais normativas da OIT.

Dessa forma, são duas as perguntas propostas, as quais constituirão objeto da pesquisa, para ao final serem respondidas. A primeira indagação é a seguinte: qual seria a questão central a ser pesquisada? A segunda: sob quais hipóteses essa questão deveria ser tratada? O ponto central será apresentado em forma de pergunta, que, no decorrer da pesquisa, será confrontado com os dados coletados e, ao final, será fundamentada e respondida com respaldo nos documentos examinados.

Considerando o objetivo proposto, se buscará aferir se a jurisprudência do Tribunal Superior do Trabalho contempla as normas internacionais de direitos humanos trabalhistas, em especial a *Agenda do Trabalho Decente* (1999) da OIT, como fundamento para a concretização do Trabalho Decente no Brasil.

A pesquisa utilizará como termo de busca "Trabalho Decente", conceito formalizado em 1999 pela Organização Internacional do Trabalho, considerado pela entidade como o "trabalho adequadamente remunerado, exercido em condições de liberdade, equidade e segurança, capaz de garantir uma vida digna"[347].

Embora não desconheça que a expressão "Trabalho Digno" tem sido empregada como sinônimo de Trabalho Decente em decisões do Tribunal Superior do Trabalho, haja vista a dignidade humana e o valor social do trabalho serem fundamentos da República dispostos no art. 1º da Constituição Federal, a utilização do termo de busca "Trabalho Decente" contribui para a aproximação dos resultados obtidos com os padrões linguísticos utilizados pelas normas da Organização Internacional do Trabalho.

Para melhor estruturar o projeto de pesquisa, serão apresentadas a hipótese básica e as hipóteses secundárias. Como hipótese básica, a pesquisa analisará se "é usual a aplicação dos princípios e normas do Trabalho Decente da OIT, na jurisprudência do Tribunal Superior do Trabalho, para

---

(347) OIT - ORGANIZACIÓN INTERNACIONAL DEL TRABAJO. Conferencia Internacional del Trabajo. 87ª reunión. *Memoria Del Director General*: *Trabajo Decente*. Oficina Internacional del Trabajo, Ginebra, jun. 1999. Disponível em: <https://www.ilo.org/public/spanish/standards/relm/ilc/ilc87/rep-i.htm>. Acesso em: 18 jun. 2022.

a concretização do Trabalho Decente". Para esse fim, será perquirida a estrutura decisória dos votos submetidos à análise, a fim de que seja possível a compreensão da hierarquia dos fundamentos listados e feito o estudo da influência exercida pelas normas internacionais do trabalho e pelos documentos da OIT que regem o Trabalho Decente.

Complementando e orientando a análise de validade da hipótese básica, foram estabelecidas duas hipóteses secundárias. A primeira analisará se "na jurisprudência do TST a temática relacionada ao Trabalho Decente é resolvida com fundamento nas normas constitucionais e infraconstitucionais pátrias, sem aplicar as normas e princípios do Direito Internacional do Trabalho". Já a segunda irá perquirir se "o tema Trabalho Decente ainda é pouco debatido na jurisprudência do TST".

Definido o objetivo central da pesquisa e estabelecido o problema a ser pesquisado, bem como a hipótese básica e as hipóteses secundárias, o próximo passo é selecionar a metodologia a ser utilizada. Frisa-se aqui a opção pelo procedimento de pesquisa documental, analisando-se os textos dos acórdãos do TST tratando sobre o tema do Trabalho Decente. Será utilizado ainda, complementarmente, como método científico, o método hipotético-dedutivo.

O propósito é identificar na jurisprudência do Tribunal Superior do Trabalho, em votos selecionados para esse fim, entre 1999 e 1º de dezembro de 2021, a existência do argumento Trabalho Decente nas ementas e na íntegra dos votos, de maneira a possibilitar o reconhecimento da influência do conceito cunhado pela OIT, na *Agenda do Trabalho Decente*, na construção da jurisprudência da mais alta Corte Trabalhista do país, o TST. Para tanto, a consulta foi feita na página inicial do próprio Tribunal Superior do Trabalho na internet, nas opções consultas processuais e consulta unificada.

A partir desses esclarecimentos preliminares, será apresentado o projeto de pesquisa quantitativa e qualitativa, considerando o universo de acórdãos identificados com menção ao termo "Trabalho Decente" na ementa do voto ou na sua fundamentação, em especial no primeiro caso. Os votos pesquisados encontram-se registrados em quadros, tabelas e gráficos a seguir apresentados.

3.5.2 Da Pesquisa Quantitativa

Na fase da pesquisa quantitativa, o objetivo foi identificar, na jurisprudência do Tribunal Superior do Trabalho, a existência do argumento Trabalho Decente nas ementas e nos fundamentos dos votos, de modo a permitir o reconhecimento da influência do conceito cunhado pela OIT na construção da jurisprudência do TST. Para tanto, foi efetuada pesquisa na página inicial do Tribunal Superior do Trabalho, inclusive na opção "consulta unificada". Como resultado, foram localizados 1.177 acórdãos contendo menção à palavra-chave "Trabalho Decente", sendo que, entre eles, somente 16 acórdãos o fazem na ementa e 1.161 acórdãos empregam o termo Trabalho Decente também na íntegra do voto.

Em relação aos 16 acórdãos que mencionam o "Trabalho Decente" na ementa, foram identificados 14 aptos a contribuir com a pesquisa. Nos 16 processos selecionados, a pesquisa relacionou os seguintes dados e detalhamento: número do processo, data de publicação do acórdão, classe processual, parte recorrente, gênero da reclamante, ramo econômico da reclamada, se a decisão adentrou no mérito da questão posta, qual o tema e a sua relação com o Trabalho Decente, se a decisão corrobora ou não o conceito de Trabalho Decente, se o TST manteve ou reformou o acórdão do TRT e qual a fundamentação do acórdão.

Na pesquisa realizada nos acórdãos selecionados (decisões já publicadas do Tribunal Superior do Trabalho), foram identificados quais documentos da OIT foram utilizados na fundamentação das referidas decisões e se o conteúdo das decisões reforça, e em que medida, a afirmação do conceito de Trabalho Decente da Organização Internacional do Trabalho.

A análise de casos concretos constitui um importante mecanismo de identificação da influência do conceito de Trabalho Decente consagrado pela OIT na jurisprudência trabalhista brasileira. Contribui, assim, para reconhecer o grau de utilização das normas internacionais de proteção aos direitos humanos trabalhistas na construção e na fundamentação das decisões do TST. Promove, também, uma reflexão sobre o respeito do Judiciário Trabalhista brasileiro aos parâmetros normativos e civilizatórios vigentes, em nível nacional e internacional. Por fim, propicia uma avaliação quanto ao grau de tolerância da Corte Superior da Justiça do Trabalho sobre determinadas práticas empresariais em violação às normas da OIT, uma vez que a Entidade tem caráter tripartite, gerando obrigação de cumprimento por seus membros: Estado, empregadores e empregados, por suas representações democráticas.

O recorte temporal da pesquisa abrange todo o período disponível para a busca no site do Tribunal Superior do Trabalho, posterior ao lançamento pela OIT da *Agenda do Trabalho Decente*, no ano de 1999, estendendo-se o levantamento até a data de 1º de dezembro de 2021.

A busca dos acórdãos foi feita na página inicial do TST na internet, na opção "Jurisprudência", no campo "Consulta Unificada", espaço de busca denominado ementa. O termo Trabalho Decente foi colocado entre parênteses para tornar mais eficiente e delimitada a busca. A pesquisa não foi direcionada a nenhum Ministro ou Turma do Tribunal Superior do Trabalho.

Entre os 16 processos identificados com o termo "Trabalho Decente" na ementa, na classe processual denominada "RR" (Recurso de Revista), foram encontrados 12 julgados. Na classe processual denominada "AIRR" (Agravo de Instrumento em Recurso de Revista), foram encontrados 3 processos. E na classe processual denominada "RO" (Recurso Ordinário), apenas 1 julgado com a temática.

A título de observação da pesquisa, pode-se afirmar que os processos autuados na classe processual RR são os que melhor permitem a compreensão da controvérsia, de forma a contribuir qualitativamente com a pesquisa.

Quanto aos 3 AIRR, esta classe processual representa o apelo das partes contra decisão proferida pelo Tribunal Regional do Trabalho, por meio de despacho de admissibilidade no qual, em juízo precário, o TRT nega seguimento ao RR. Nesses processos examinados, a decisão do Tribunal Regional respectivo foi mantida pelo TST.

Sobre os fatores impeditivos ao conhecimento dos recursos pelo TST, a exemplo das Súmulas ns. 126[348] e 196, entre outras, em nenhum dos processos analisados o óbice processual impediu a admissibilidade do Recurso de Revista; sendo assim, em todos os julgamentos, os Ministros apreciaram o mérito da ação.

Quanto ao único Recurso Ordinário (RO-20879-36.2016.5.04.0000), embora o argumento "Trabalho Decente" tenha sido utilizado no corpo do voto, trata-se de recurso aviado contra acórdão proferido por TRT,

---

(348) BRASIL. Tribunal Superior do Trabalho. *Súmula n. 126*. Incabível o recurso de revista ou de embargos (arts. 896 e 894, "b", da CLT) para reexame de fatos e provas. DJ, 19, 20 e 21 nov. 2003. Disponível em: <https://www3.tst.jus.br/jurisprudencia/Sumulas_com_indice/Sumulas_Ind_101_150.html>. Acesso em: 3 fev. 2022.

em Mandado de Segurança impetrado por empresa, com pedido liminar deferido contra ato do Juízo da Vara do Trabalho que não examinou o pedido liminar nos autos de Ação Anulatória. Trata-se de medida destinada a suspender os efeitos do ato de interdição lavrado por auditores-fiscais do trabalho. Portanto, o processo em referência não será considerado para efeito desta pesquisa, tendo em vista que a questão não envolve o julgamento do mérito na perspectiva do Trabalho Decente, mas da possibilidade de manutenção de decisão judicial que determinou interdição de maquinário da empresa, matéria processual discutida no âmbito da Subseção de Dissídios Individuais II (SBDI-II), do TST.

Quanto ao processo RR-75700-37.2010.5.16.0009, trata-se de ação na qual se discutiu a competência da Justiça do Trabalho e o Tribunal decidiu pela competência da Justiça Especializada para o julgamento de ação que discute "trabalho infantil e piores formas de trabalho do adolescente". Foi determinado o retorno do processo ao Tribunal Regional para a análise do mérito da questão, razão pela qual o processo não será considerado nesta pesquisa.

O **Quadro 1** apresenta os processos analisados e as datas de publicação dos respectivos acórdãos.

Quadro 1 – Processos analisados

N.	Número do Processo	Data de Publicação do Acórdão
1	AIRR-10704-52.2014.5.01.0059	03/09/2018
2	AIRR-814-43.2011.5.08.0110	28/09/2012
3	AIRR-302-96.2011.5.09.0671	16/05/2014
4	RR-11191-44.2013.5.01.0063	23/03/2018
5	RR-161500-69.2008.5.08.0124	22/05/2015
6	RR-161400-77.2009.5.08.0125	27/04/2012
7	RR-130500-75.2009.5.23.0002	17/05/2019
8	RR-1763-80.2015.5.17.0141	20/10/2017
9	RR-1628-43.2010.5.03.0138	03/10/2014

N.	Número do Processo	Data de Publicação do Acórdão
10	RR-1287-27.2011.5.23.0008	04/09/2015
11	RR-1191-83.2013.5.03.0077	29/05/2015
12	RR-1188-28.2011.5.03.0036	09/09/2014
13	RR-422-42.2011.5.09.0671	06/05/2014
14	RR-100-72.2010.5.08.0125	04/05/2012

Fonte: Elaboração própria.

A **Tabela 1** e o **Gráfico 1** apresentam a classe processual dos julgados analisados.

Tabela 1 – Classe processual dos julgados analisados (número e porcentagem)

Classe Processual	Quantidade	%
RR	11	79%
AIRR	3	21%
TOTAL	14	100%

Fonte: Elaboração própria.

Gráfico 1 – Porcentagem da classe processual dos julgados analisados

■ AIRR ■ AR

AIRR 21%

AR 79%

Fonte: Elaboração própria.

Desse modo, serão analisados na presente pesquisa 14 processos, a partir da divisão em colunas com os dados necessários para o estabelecimento do sentido do emprego do termo "Trabalho Decente" nas decisões judiciais do TST.

Os dados foram agrupados por intermédio de uma tabela composta pelos seguintes campos: 1) número do processo e data de publicação; 2) classe processual; 3) recorrente; 4) gênero do recorrente; 5) ramo econômico da reclamada; 6) decisão de mérito; 7) tema; 8) trabalho decente; 9) manutenção ou reforma do acórdão do TRT; 10) fundamentação do acórdão; 11) utilização de normas internacionais.

Após a análise dos Recursos de Revista, os dados foram compilados em tabelas e gráficos, de maneira a possibilitar o reconhecimento da tendência jurisprudencial manifestada pelo TST. Foram elaborados tabelas e gráficos no programa Excel para melhor compreensão da matéria, confrontando-se os dados de forma a identificar o padrão utilizado pelo Tribunal Superior do Trabalho sobre o uso do conceito de Trabalho Decente e das normas da OIT associadas ao termo.

Obstáculos cognitivos próprios da instância recursal extraordinária, como a impossibilidade de revolvimento de fatos e provas estabelecidos pela Súmula n. 126 do TST, da ausência de prequestionamento, Súmula n. 297, também foram observados quando da análise das decisões, uma vez que tais óbices impedem o conhecimento do mérito dos recursos. Importante repisar que na amostra, ou seja, nos acórdãos dos 14 processos selecionados, não houve qualquer obstáculo ao conhecimento; em todos houve análise de mérito da questão posta relativa ao Trabalho Decente.

Também foi considerada a observância dos requisitos do art. 896 da CLT, que estabelece os canais de conhecimento do Recurso de Revista, ou seja, as hipóteses de cabimento do recurso, além de outros pressupostos intrínsecos e extrínsecos. O resultado identificou decisões conhecidas – ou não conhecidas – por violação direta e literal à CRFB/88, a lei infraconstitucional, por divergência ao posicionamento de outros Tribunais Regionais ou da jurisprudência sumulada pelo TST.

A proposta de estudo dos dados coletados é a de observância dos fundamentos e das conclusões das decisões judiciais que encerraram conflitos envolvendo condições de trabalho com a menção ao argumento "trabalho decente". Buscou-se também identificar o padrão regulatório instituído pela Corte Trabalhista, pelo reconhecimento de violação das Convenções da OIT no que se refere ao conteúdo das relações de trabalho e à observância ao conceito de Trabalho Decente para responder à seguinte pergunta: "A jurisprudência do Tribunal Superior do Trabalho contempla as normas internacionais de direitos humanos trabalhistas, em especial a Agenda do Trabalho Decente (1999) da OIT, como fundamento para a concretização do Trabalho Decente no Brasil?".

Na sequência da presente pesquisa, será feita a análise dos dados obtidos a partir do levantamento dos Recursos de Revista e Agravos de Instrumento que apresentaram nas ementas dos respectivos acórdãos a expressão "trabalho decente". Assim, constarão da amostra os 16 acórdãos encontrados com o argumento. O Recurso Ordinário (RO) foi descartado por não contribuir para o estudo.

Embora o universo de pesquisa possa parecer reduzido, é preciso considerar alguns fatores importantes. O primeiro deles é que vários estudos dos últimos anos têm demonstrado que não é usual na jurisprudência do TST a fundamentação dos votos com espeque em normas ou tratados internacionais. Em regra, as decisões do TST fundamentadas em normas internacionais ou exercendo o controle de convencionalidade são bastante repercutidas em notícias da mídia, até mesmo em razão do caráter de excepcionalidade.

O segundo ponto refere-se aos óbices processuais ao conhecimento dos recursos, aplicados no TST em razão da chamada jurisprudência defensiva e, mais recentemente, legislação contendo dispositivos que impedem o conhecimento recursal. Observa-se que, mesmo cabendo ao TST o papel de unificação da jurisprudência nacional, nem todos os recursos interpostos perante o Tribunal alcançam o conhecimento. De outra parte, a baixa incidência de achados reforça uma das hipóteses secundárias da pesquisa, qual seja, "o tema Trabalho Decente ainda é pouco debatido na jurisprudência do TST".

Para melhor compreensão, foram organizadas tabelas retratando o perfil das ações relacionadas ao conteúdo essencial do conceito de Trabalho Decente da OIT julgadas no TST.

Tabela 2 – Autoria dos Recursos de Revista analisados (número e porcentagem)

Recorrente	Quantidade	%
Reclamante	8	57%
Reclamada	4	29%
MPT	1	7%
União	1	7%
TOTAL	14	100%

Fonte: Elaboração própria.

A **Tabela 2** apresenta a autoria dos Recursos de Revista pesquisados. Dos 14 processos analisados, um dos acórdãos é resultado de julgamento de recurso proposto pelo Ministério Público do Trabalho (MPT), num total de 7%. Entre os 12 processos restantes, um foi apresentado pela União, o que corresponde a 7%, 29% foram apresentados por empresas reclamadas e 57% interpostos por reclamantes, trabalhadores.

A Justiça do Trabalho, em regra, é mais demandada pelos trabalhadores, que buscam ver os seus direitos respeitados; dessa forma, a frequência maior de reclamantes nos acórdãos analisados está em linha com os demais temas julgados pelo TST. De outro lado, em um momento em que as empresas buscam, pelo menos em tese, maior responsabilidade social e conquista de talentos, tendo como um dos atrativos um ambiente de trabalho saudável, essa preocupação deveria aparecer nos números, o que não aconteceu.

Tabela 3 – Gênero do reclamante dos julgados analisados (número e porcentagem)

Gênero do Reclamante	Quantidade	%
Feminino	4	29%
Masculino	7	50%
Não se aplica	3	21%
TOTAL	14	100%

Fonte: Elaboração própria.

Gráfico 2 – Porcentagem do gênero do reclamante dos julgados analisados

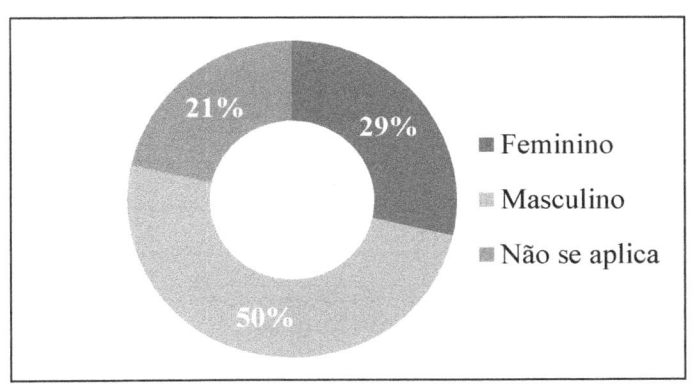

[Gráfico de rosca com os valores: Feminino 29%, Masculino 50%, Não se aplica 21%]

Fonte: Elaboração própria.

A **Tabela 3** e o **Gráfico 2** representam o gênero dos reclamantes que figuram como partes nos 14 processos analisados. Os dados refletem o nome consignado nos autos, sem considerar o gênero pelo qual a parte se identifica ou se apresenta socialmente. Dois acórdãos pesquisados foram originários de ações propostas pelo MPT em face de empresas. Em outro, a União litigou contra empresa. Portanto, três processos não foram considerados para esse fim. Dos 11 processos restantes, 50% foram propostos por homens e 29% por mulheres.

O resultado demonstra que a grande maioria dos processos que envolvem discussões relacionadas ao Trabalho Decente como argumento é ajuizada por homens, o que reflete a desigualdade do mercado de trabalho, onde o nível de ocupação das mulheres entre a população economicamente ativa é inferior ao dos homens, de acordo com pesquisa do IBGE[349].

Destaca-se que o TST não inclui na estatística do órgão, entre os indicadores disponíveis, informações sobre gênero das partes (reclamante e o empregador doméstico, como pessoa física, por exemplo). O *Relatório*

---

(349) RODRIGUES, Léo. Estudo revela tamanho da desigualdade de gênero no mercado de trabalho. *Agência Brasil*, 4 mar. 2021. Disponível em: <https://agenciabrasil.ebc.com.br/economia/noticia/2021-03/estudo-revela-tamanho-da-desigualdade-de-genero-no-mercado-de-trabalho>. Acesso em: 15 dez. 2021.

Justiça em Números, divulgado pelo CNJ, também não apresenta esses dados.

Tabela 4 – Ramo econômico da reclamada (número e porcentagem)

Ramo da Reclamada	Quantidade	%
Agroindústria	4	29%
ECT – Banco Postal	3	21%
Empresa de Energia	2	14%
Empregador Doméstico	1	7%
Comitê Organizador da Copa do Mundo 2014 – FIFA	1	7%
Empresa de Terceirização de Serviços	1	7%
Sesc – Educação	1	7%
Transporte Rodoviário	1	7%
TOTAL	14	100%

Fonte: Elaboração própria.

Gráfico 3 – Porcentagem do ramo econômico da reclamada

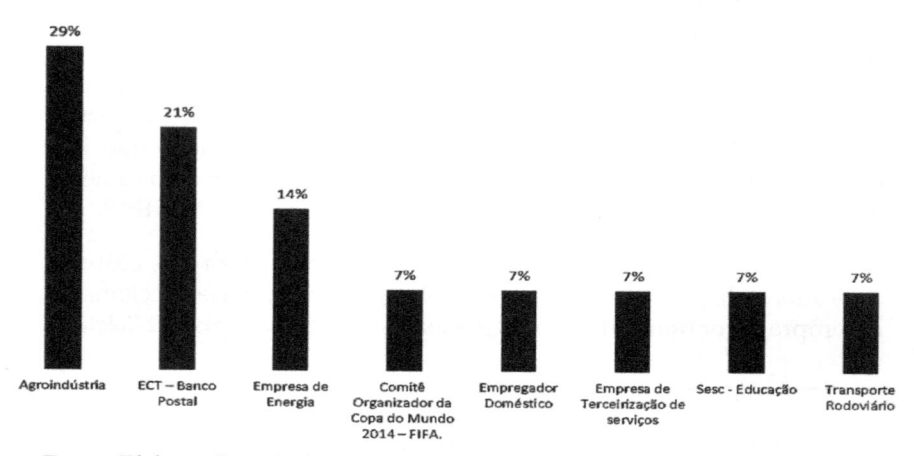

Fonte: Elaboração própria.

A **Tabela 4** e o **Gráfico 3** indicam o ramo de atividade econômica da reclamada e permite identificar as principais categorias profissionais nas quais houve discussão sobre condições de Trabalho Decente como argumento mencionado na ementa dos acórdãos proferidos no âmbito do TST. Os resultados indicam a agroindústria envolvida em 29% dos processos relacionados ao argumento "Trabalho Decente", seguida da Empresa Brasileira de Correios e Telégrafos (ECT), com 21%, e das empresas de energia, com 14%, que ocupam o terceiro lugar. Em seguida, os demais ramos empresariais aparecem somente uma vez, cada qual representando 7% do total de casos analisados.

A agroindústria aparece em primeiro lugar entre os Recursos de Revista que invocam o argumento do Trabalho Decente. Trata-se de um setor da economia marcado pela precariedade das condições de trabalho, com elevado índice de autuação pelo Ministério do Trabalho e Emprego ou pelo Ministério Público do Trabalho (MPT), especialmente em situações de reconhecimento de trabalho em condições análogas à de escravidão. Essa situação do campo repercute em violações de direitos fundamentais dos trabalhadores rurais, conforme se verá na análise dos temas objeto das 14 reclamações trabalhistas selecionadas para exame nesta pesquisa.

De outro lado, destaca-se a participação da agroindústria nacional na balança comercial, sendo um dos setores exportadores de maior relevância. Some-se a isso a pressão internacional que exige a utilização de práticas ambiental e socialmente responsáveis, inclusive apresentando contramedidas e, até mesmo, boicote às empresas que deixam de seguir as boas práticas mundiais. Ressalte-se que se trata de uma grande oportunidade para a elevação do conceito do Trabalho Decente e para a aplicação das normas internacionais do trabalho, tanto para o controle da convencionalidade quanto para a apreciação do julgador e a fundamentação das decisões no âmbito do Judiciário Trabalhista brasileiro.

Observa-se, quanto à ECT, que embora ela apareça no *ranking* geral da Justiça do Trabalho em terceiro lugar[350], o que denota uma alta litigiosidade em razão do desrespeito a direitos trabalhistas, sua posição na pesquisa, bem próxima à indústria do agronegócio, reflete um momento específico em que se discutia na Justiça do Trabalho a isonomia dos trabalhadores em Banco Postal, correspondentes aos bancários. A

---

(350) JUSTIÇA DO TRABALHO. Tribunal Superior do Trabalho. *Ranking das Partes no TST*. Brasília, 31 dez. 2021. Disponível em: https://www.tst.jus.br/web/estatistica/tst/ranking-das-partes. Acesso em: 14 dez. 2021.

matéria foi dirimida por ocasião do julgamento pelo Pleno do TST, do Recurso E-RR-210300-34.2007.5.18.0012. Na decisão, a maioria dos Ministros decidiu pela impossibilidade de enquadrar como bancários os empregados da ECT que trabalhavam e trabalham em Banco Postal, negando aos trabalhadores da empresa os mesmos direitos dos bancários, entre eles a jornada de seis horas.[351]

Tabela 5 – Porcentagem de julgados com decisão de mérito

Decisão de Mérito	%
Sim	100%
Não	0%
TOTAL	100%

Fonte: Elaboração própria.

A **Tabela 5** representa o percentual de processos nos quais o Trabalho Decente constou da fundamentação dos votos, em decisão no TST, para efeito de manter o voto do Tribunal Regional do Trabalho, em julgamento do mérito do Recurso de Revista. Como visto na pesquisa, em alguns processos não ocorreu a hipótese de óbice ao conhecimento, o recurso foi conhecido e, no mérito, provido com o reconhecimento do Tribunal Superior do Trabalho da ocorrência de violações constitucionais, divergência jurisprudencial ou contrariedade à Súmula do TST ou do STF. Noutros casos em estudo, não ocorreu o conhecimento, com tais violações e contrariedades afastadas, sempre em observação aos requisitos de admissibilidade recursal contidos no art. 896 da CLT.

---

(351) BRASIL. Tribunal Superior do Trabalho. Tribunal Pleno. ED-E-RR-210300-34.2007.5.18.0012. Relatora: Ministra Dora Maria da Costa. Julg.: 27/06/2016. Publ.: DEJT, 01/07/2016. Disponível em: https://aplicacao5.tst.jus.br/consultaunificada2/inteiroTeor.do?action=printInteiroTeor&format=html&highlight=true&numeroFormatado=ED-E-RR%20-%20210300-34.2007.5.18.0012&base=acordao&rowid=AAANGhAA+AAAPL/AAB&dataPublicacao=01/07/2016&localPublicacao=DEJT&query=. Acesso em: 14 dez. 2021. A tese vencedora da relatora Ministra Dora Maria da Costa foi seguida pelos ministros Alberto Bresciani, Aloysio Corrêa da Veiga, Emmanoel Pereira, Guilherme Caputo Bastos, Ives Gandra Martins Filho (que presidiu a sessão), João Oreste Dalazen, Maria Cristina Peduzzi, Maria de Assis Calsing, Márcio Eurico Vitral Amaro e Walmir Oliveira da Costa. Acompanharam a divergência os ministros Alexandre Agra Belmonte, Cláudio Brandão, Delaíde Miranda Arantes, Douglas Alencar Rodrigues, Hugo Carlos Scheuermann, José Roberto Freire Pimenta, Vieira de Mello Filho, Maria Helena Mallmann e Renato de Lacerda Paiva.

Tabela 6 – Tema do recurso (quantidade e porcentagem)

Tema	Quantidade	%
Dano Moral. Trabalho Rural. Trabalho Degradante. Ausência de Sanitários.	5	36%
Banco Postal. Aplicação da Jornada dos Bancários. Art. 224 da CLT. Isonomia.	4	29%
Dono da Obra. OJ 191 do TST. Responsabilidade Subsidiária.	2	14%
Serviço Voluntário. Lei n. 9.608/98.	1	7%
Negociação Coletiva. Limites.	1	7%
Empregada Doméstica. Vínculo de Emprego.	1	7%
TOTAL	14	100%

Fonte: Elaboração própria.

Gráfico 4 – Porcentagem dos temas de recurso

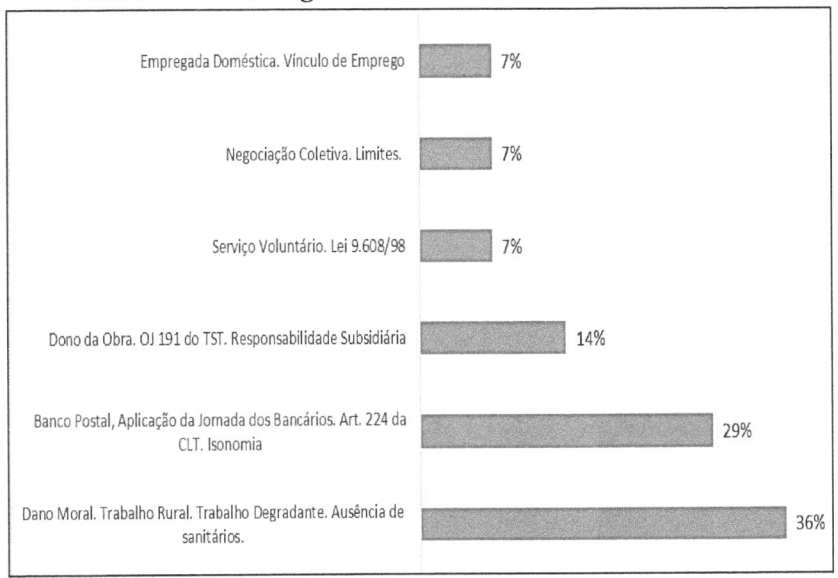

Tema	%
Empregada Doméstica. Vínculo de Emprego	7%
Negociação Coletiva. Limites.	7%
Serviço Voluntário. Lei 9.608/98	7%
Dono da Obra. OJ 191 do TST. Responsabilidade Subsidiária	14%
Banco Postal. Aplicação da Jornada dos Bancários. Art. 224 da CLT. Isonomia	29%
Dano Moral. Trabalho Rural. Trabalho Degradante. Ausência de sanitários.	36%

Fonte: Elaboração própria.

A **Tabela 6** e o **Gráfico 4** demonstram o tema abordado na ação. O tema "Dano Moral. Trabalho Rural. Trabalho Degradante. Ausência de Sanitários" foi o mais encontrado, representando 36%. "Banco Postal. Aplicação da Jornada dos Bancários. Art. 224 da CLT. Isonomia" foi o segundo a aparecer, com 29%. O tema "Dono da Obra. OJ 191 do TST. Responsabilidade Subsidiária" foi o terceiro a aparecer entre os processos que mencionam o argumento do Trabalho Decente, representando 14% do total nos processos analisados. Todos os demais temas apareceram somente uma vez, representando, cada qual, 7% dos processos analisados.

Tabela 7 – Uso do argumento trabalho decente (quantidade e porcentagem)

Trabalho Decente	Sim	Não	%
Sim - Argumento central	3	-	21%
Sim - Argumento *a latere*	9	-	64%
Não - Afastada a violação ao trabalho decente	-	2	14%
TOTAL	12	2	100%

Fonte: Elaboração própria.

Na **Tabela 7** e no **Gráfico 5**, pode-se verificar que na maior parte dos casos o argumento Trabalho Decente foi utilizado de maneira secundária no processo decisório do TST, situação que deverá ser melhor entendida quando da realização da pesquisa qualitativa.

Gráfico 5 – Porcentagem do argumento Trabalho Decente

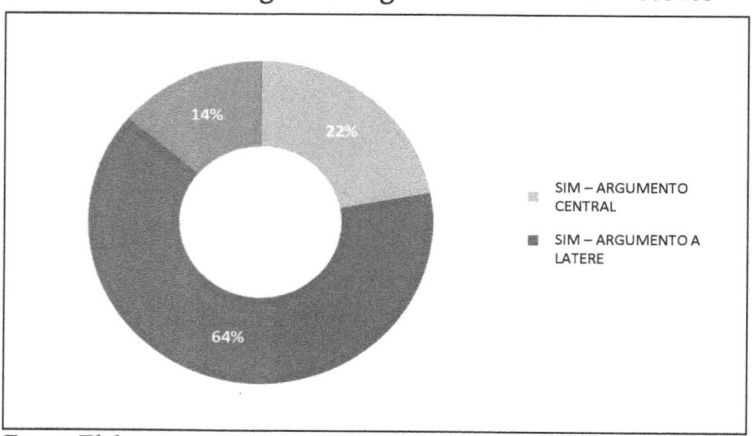

Fonte: Elaboração própria.

O que se pode observar da pesquisa quantitativa é que, na maioria das decisões do TST, 64% dos acórdãos analisados, o termo Trabalho Decente foi encontrado como fundamento subsidiário da decisão, permanecendo em segundo plano, sem que o conceito de Trabalho Decente tenha sido associado de forma direta ao conteúdo do Programa Trabalho Decente da OIT.

Observa-se também que em três dos processos selecionados o termo Trabalho Decente consta dos fundamentos do voto de forma mais específica, relacionado ao conteúdo de normas internacionais de proteção ao trabalho, diretamente vinculado ao conceito da OIT, representando 21% do total dos processos analisados.

Outra conclusão a que se pode chegar é que em 14% dos processos o termo "Trabalho Decente" foi mencionado nos fundamentos para afastar direitos trabalhistas pleiteados pelo recorrente ou para manter a decisão do TRT, a decisão recorrida, que não reconheceu a violação a direitos sociais ou trabalhistas.

Mais especificamente, pode-se afirmar que o termo "Trabalho Decente" foi mencionado em sintonia com o conceito da Agenda do Trabalho Decente da OIT somente em três processos: RR-11191-44-2013-5-01-0063, RR-161500-69.2008.5.08.0124 e RR-130500-75.2009.5.23.0002. De cada um desses recursos decididos pelo TST será apresentado o teor da ementa do acórdão publicado, com destaque em negrito dos pontos da ementa transcrita para melhor identificação.

Na sequência, a transcrição do inteiro teor da ementa do Acórdão relativa ao processo RR-11191-44-2013-5-01-0063, de decisão da 3ª Turma do TST, em que foi relator o Ministro Mauricio Godinho Delgado, julgamento ocorrido em sessão de 14/03/2018, publicada no DEJT, 23/03/2018. Demais integrantes da 3ª Turma no julgamento, Ministro Alberto Luiz Bresciani de Fontan Pereira e Ministro Alexandre de Souza Agra Belmonte, que acompanharam o relator, com resultado julgado à unanimidade.

> RECURSO DE REVISTA. PROCESSO SOB A ÉGIDE DA LEI 13.015/2014 E ANTERIOR À LEI 13.467/2017. 1. EMPREGADA DOMÉSTICA. VERBAS RESCISÓRIAS. INSTRUÇÃO NORMATIVA N. 40 DO TST. CABIMENTO DE AGRAVO DE INSTRUMENTO EM CASO DE ADMISSIBILIDADE

PARCIAL DE RECURSO DE REVISTA PELO TRT DE ORIGEM. PRECLUSÃO. O Tribunal Pleno do TST, considerando o cancelamento da Súmula n. 285/TST e da Orientação Jurisprudencial n. 377/SBDI-1/TST, editou a Instrução Normativa n. 40/TST, que, em seu art. 1º, dispõe: "Admitido apenas parcialmente o recurso de revista, constitui ônus da parte impugnar, mediante agravo de instrumento, o capítulo denegatório da decisão, sob pena de preclusão". Na hipótese, o TRT de origem recebeu o recurso de revista interposto pelo Recorrente apenas quanto ao tema "vínculo de emprego - empregada doméstica", por vislumbrar possível divergência jurisprudencial, tendo denegado o processamento do apelo no que concerne ao tema "empregada doméstica - verbas rescisórias". Assim, em razão da nova sistemática processual e da edição da Instrução Normativa n. 40/TST - já vigente quando da publicação da decisão do TRT que admitiu parcialmente o presente apelo, cabia ao Recorrente impugnar, mediante agravo de instrumento, o capítulo denegatório da decisão, sob pena de preclusão, ônus do qual não se desincumbiu. Portanto, o exame do cabimento do recurso de revista ater-se-á ao tema recebido pela Corte de origem. Recurso de revista não conhecido quanto ao tema. 2. VÍNCULO EMPREGATÍCIO DOMÉSTICO EXTINTO ANTERIORMENTE AO ADVENTO DA LEI COMPLEMENTAR N. 105/2015. CONTINUIDADE NA PRESTAÇÃO LABORAL POR ATÉ TRÊS VEZES POR SEMANA. CARACTERIZAÇÃO. DECISÕES DA SBDI-1 DO TST. Para fins trabalhistas, se a prestação de serviços é descontínua, mas permanente, deixa de haver eventualidade. É que a jornada contratual pode ser inferior à jornada legal, inclusive no que concerne aos dias laborados na semana, tal como na presente hipótese, em que é inconteste a prestação de serviços duas ou três vezes por semana. Relembre-se que o critério da continuidade/descontinuidade somente se aplica ao Doméstico (Lei n. 5.859/72, art. 1º), tal como na hipótese dos autos. Pondera-se, ademais, que, no caso em exame, o vínculo se extinguiu anteriormente ao advento da Lei Complementar n. 105/2015 - diploma legal que trouxe novo tratamento normativo para disciplinar o trabalho doméstico, ampliando as suas garantias e definindo de forma elucidativa que "empregado doméstico, assim considerado aquele que presta serviços de forma contínua, subordinada, onerosa e pessoal e de finalidade não lucrativa à pessoa ou à família, no âmbito residencial destas, por mais de 2 (dois) dias por semana". Não obstante essa definição objetiva sobre o período de dias semanalmente trabalhado tido como suficiente para configurar o vínculo empregatício, tem-se que a incidência das diretrizes da Lei n. 5.859/72 - vigente durante toda a contratação - não elidem a presença dos pressupostos para a caracterização do liame laboral doméstico. Pondera-se, ademais, que **a Convenção 189 (editada em 2011) da OIT demonstra a preocupação, no cenário internacional, em melhorar as condições de vida dos trabalhadores domésticos, ao tratar sobre o trabalho decente para os empregados domésticos no mundo, conferindo-lhes maiores direitos e garantias, inclusive deixando claros os pressupostos que afastariam a caracterização de vínculo empregatício doméstico - dentre os quais, a verificação de trabalho meramente esporádico ou ocasional. Em afinidade com essa normatização internacional, no Brasil, foi editada a Emenda Constitucional n. 72/2013, com o escopo de estabelecer, no âmbito constitucional, a igualdade de direitos trabalhistas entre os domésticos e os demais trabalhadores urbanos e rurais**. No caso em exame, sendo incontroverso que a Reclamante era trabalhadora doméstica e que chegava a prestar serviços para a Reclamada por três vezes por semana, há de ser reconhecido o vínculo empregatício e o cabimento das verbas daí decorrentes. Recurso de revista não conhecido. (RR-11191-44.2013.5.01.0063, Relator Ministro: Mauricio Godinho Delgado, Data de Julgamento: 14/03/2018, 3ª Turma, Data de Publicação: DEJT 23/03/2018, grifos acrescidos).

Na sequência, a transcrição do inteiro teor da ementa do Acórdão relativa ao processo RR-161500-69.2008.5.08.0124, de decisão da 3ª Turma do TST, em que foi relator o Ministro Mauricio Godinho Delgado, julgamento ocorrido em sessão de 20/05/2015, publicada no DEJT, 2/05/2014. Demais integrantes da 3ª Turma no julgamento, Ministro Alberto Luiz Bresciani de Fontan Pereira e Ministro Alexandre de Souza Agra Belmonte, que acompanharam o relator, com resultado julgado à unanimidade:

> AGRAVO DE INSTRUMENTO. RECURSO DE REVISTA. MULTA PREVISTA NO ART. 475-J DO CPC. INAPLICABILIDADE AO PROCESSO DO TRABALHO. Demonstrado no

agravo de instrumento que o recurso de revista preenchia os requisitos do art. 896 da CLT, dá-se provimento ao agravo de instrumento para melhor análise da alegada violação do art. 475-J do CPC. Agravo de instrumento provido. RECURSO DE REVISTA. 1. PRELIMINAR DE NULIDADE POR CERCEAMENTO DE DEFESA. VALORAÇÃO DA CONFISSÃO DO PREPOSTO. APELO DESFUNDAMENTADO À LUZ DO ART. 896 DA CLT. 2. AÇÃO CIVIL PÚBLICA. PRESCRIÇÃO. AUTO DE INFRAÇÃO. INEXISTÊNCIA DE DATAS RELEVANTES COMO LANÇAMENTO DE LAVRATURA DO AUTO DE INFRAÇÃO OU TÉRMINO DO PROCESSO ADMINISTRATIVO. IMPOSSIBILIDADE DE AFERIÇÃO NESTE MOMENTO RECURSAL. SÚMULA 126/TST. 3. MULTA A FAVOR DO FAT. RECURSO DESFUNDAMENTADO. AUSÊNCIA DE INDICAÇÃO DOS PRESSUPOSTOS DE ADMISSIBILIDADE RECURSAL DO ARTIGO 896 DA CLT. 4. **AÇÃO CIVIL PÚBLICA. DANO MORAL COLETIVO. EFETIVAÇÃO DE PRINCÍPIOS E REGRAS CONSTITUCIONAIS E INTERNACIONAIS RATIFICADOS, RELATIVOS À PESSOA HUMANA E ÀS RELAÇÕES DE TRABALHO. TRABALHO DECENTE E COMBATE IMEDIATO E PRIORITÁRIO AO TRABALHO FORÇADO E OUTRAS FORMAS DEGRADANTES DE TRABALHO. RETENÇÃO DE SALÁRIO DOS EMPREGADOS. OIT: CONVENÇÕES 29 E 105; CONSTITUIÇÃO DE 1919; DECLARAÇÃO DA FILADÉLFIA DE 1944; DECLARAÇÃO DE PRINCÍPIOS E DIREITOS FUNDAMENTAIS NO TRABALHO DE 1998.** EFETIVIDADE JURÍDICA NO PLANO DAS RELAÇÕES DE TRABALHO. ART. 149 DO CÓDIGO PENAL. 5. AÇÃO CIVIL PÚBLICA. DANO MORAL COLETIVO. MATÉRIA FÁTICA. SÚMULA 126/TST. 6. QUANTUM INDENIZATÓRIO. APELO DESFUNDAMENTADO. AUSÊNCIA DE INDICAÇÃO DOS PRESSUPOSTOS DE ADMISSIBILIDADE RECURSAL DO ARTIGO 896 DA CLT. O Estado Democrático de Direito envolve a presença não apenas de instituições estatais democráticas e inclusivas, realizando a centralidade da pessoa humana na ordem jurídica, como também uma sociedade civil com as mesmas atribuições, características e deveres, assegurando eficácia jurídica e efetividade real aos direitos fundamentais trabalhistas no âmbito privado. Por essa razão, a

Constituição da República Federativa do Brasil de 1988 e a Organização Internacional do Trabalho, por meio de vários de seus documentos normativos cardeais (Constituição de 1919; Declaração da Filadélfia de 1944; Declaração de Princípios e Direitos Fundamentais no Trabalho de 1998; Convenção 182) asseguram, de maneira inarredável, a dignidade da pessoa humana, a valorização do trabalho e do emprego, a implementação de **trabalho efetivamente decente** para os seres humanos, a proibição do trabalho forçado e outras formas degradantes de trabalho. Nesse quadro, o recurso de revista não preenche os requisitos previstos no art. 896 da CLT, pelo que inviável o seu conhecimento. Recurso de revista não conhecido nos temas. 7. MULTA PREVISTA NO ART. 475-J DO CPC. A Dt. SBDI-1 do TST, em 26/06/2010, nos autos do processo E-RR-38300-47.2005.5.01.0052, acerca da aplicabilidade do art. 475-J do CPC, firmou entendimento no sentido de que o processo do trabalho deve seguir as normas específicas contidas na CLT quanto à execução de suas decisões. Ressalvado o posicionamento do Relator, confere-se efetividade à jurisprudência dominante. Recurso de revista conhecido e provido no tema. (RR-161500-69.2008.5.08.0124, Relator Ministro: Mauricio Godinho Delgado, Data de Julgamento: 20/05/2015, 3ª Turma, Data de Publicação: DEJT 22/05/2015, grifos acrescidos).

Na sequência, a transcrição da ementa do Acórdão do processo RR-130500-75.2009.5.23.0002, decisão da 7ª Turma do TST, relatado pelo Ministro Luiz Philippe Vieira de Mello Filho, julgado em sessão de 24/04/2019, publicada no DEJT de 17/05/2019. Para o julgamento, integraram a Turma ainda os Ministros Douglas Alencar Rodrigues e Claudio Mascarenhas Brandão. O julgamento foi por maioria quanto ao conhecimento (vencido o Ministro Douglas Alencar Rodrigues) e por unanimidade no mérito:

RECURSO DE REVISTA - HORAS EXTRAORDINÁRIAS - LABOR EM DOMINGOS E FERIADOS - QUITAÇÃO - FATOS E PROVAS DA CAUSA. A Corte de origem, soberana no exame de fatos e provas, consignou que todas as horas extraordinárias e o labor em domingos e feriados foram corretamente quitados. É inadmissível recurso de revista em que, para se chegar à conclusão pretendida pelo reclamante, seja imprescindível o reexame do contexto fático-probatório dos autos. Incide a Súmula n. 126 do TST. Recurso de revista não conhecido. **HORAS *IN ITINERE* - SUPRESSÃO PREVISTA EM NORMA COLETIVA - LIMITES DA AUTONOMIA NEGOCIAL - SISTEMA CONSTITUCIONAL E INTERNACIONAL DE PROTEÇÃO AO TRABALHO - CONCESSÕES RECÍPROCAS - VANTAGENS COMPENSATÓRIAS - VALIDADE DA NORMA. 1.** A análise jurídica dos limites da autonomia negocial coletiva deve observar as recentes transformações do trabalho e do sindicalismo na última quadra do sistema capitalista e considerar a modificação das funções que a própria negociação coletiva sofreu nesse contexto. **2.** O respeito e reconhecimento de outras esferas criativas de direitos que não o Estado são consequências do paradigma do Estado Democrático de Direito, de compatibilização entre os valores da liberdade e da igualdade, no reconhecimento da autonomia dos sujeitos e de suas organizações representativas. **3.** A efetivação desse ideal não se dá a partir de abstrações, mas, sim, de contextos, estruturas e institucionalidades concretas. Envolvem, portanto, pensar a autenticidade dessa autonomia considerando as peculiaridades de um dado mercado de trabalho, de uma dada estrutura sindical e de um dado cenário de reestruturação produtiva e desregulação do trabalho. **4.** A ideia de uma autonomia negocial absoluta é indefensável, sobretudo sob a égide de um Estado Democrático de Direito. **5.** A existência de limites jurídicos e condições de validade para a autonomia coletiva da vontade decorre da exegese Constitucional e do sistema internacional de proteção ao trabalho. **6. A Organização Internacional do Trabalho, por meio das Convenções ns. 98 e 154, fomenta amplamente o processo de negociação democrática entre empregados e empregadores, com potencial de ampliação e oxigenação do direito do trabalho, mas delimita quais temas podem ser remetidos ao processo negocial e não abre mão do respeito à sua Declaração de Princípios Fundamentais e dos postulados que orientam o conceito de Trabalho Decente. 7.** Um dos limites objetivos que se coloca às negociações é o de que elas efetivamente consistam em transações, ou seja, acordos efetivados por meio de concessões recíprocas a respeito de parcelas sobre as quais paire alguma incerteza jurídica. **8.** Embora fique clara a posição do STF no sentido de questionar alguns aspectos da jurisprudência do TST a respeito dos limites da negociação coletiva, manifestando aquela Corte Suprema a intenção de alargar o espaço negocial, não se pode perder de vista que, cumprindo sua missão Constitucional, a Corte Suprema o fez mediante determinados critérios vinculantes, razão pela qual toda e qualquer aplicação do referido entendimento jurisprudencial deverá considerar tais critérios e atentar para os compromissos constitucionais em matéria trabalhista. 9. No presente caso, o Tribunal Regional validou a norma coletiva que suprimiu as horas de trajeto, mas concedeu contrapartidas suficientes para compensar a perda salarial - complementação do benefício do auxílio-doença, auxílio--funeral, auxílio creche e custeio pela empresa de 90% do plano de saúde dos empregados. 10. Assim, considerado a representatividade, a legitimidade e a equidade das transações realizadas no espaço da negociação coletiva (que assim se qualifica quando o processo negocial é vantajoso para ambas as partes), a redução salarial levada a cabo por meio da supressão do pagamento das horas *in itinere* implicou vantagem compensatória aos trabalhadores envolvidos no processo de negociação, devendo ser considerada válida segundo o critério adotado pelo Supremo Tribunal Federal. Recurso de revista conhecido e desprovido. (RR-130500-75.2009.5.23.0002, Relator Ministro: Luiz Philippe Vieira de Mello Filho, Data de Julgamento: 24/04/2019, 7ª Turma, Data de Publicação: DEJT 17/05/2019, grifos acrescidos)

No processo AIRR-10704-52.2014.5.01.0059 e no processo RR-1628-43.2010.5.03.0138, o termo Trabalho Decente foi empregado como argumento subsidiário para afastar as violações legais alegadas pelos recorrentes no recurso e reconhecer que as práticas empresariais lesivas não estavam contrariando as normas de proteção trabalhista.

A seguir, a transcrição da ementa do Acórdão do processo AIRR-10704-52.2014.5.01.0059, da 7ª Turma do TST, em que foi relator o Ministro Cláudio Mascarenhas Brandão, julgamento ocorrido em sessão de 29/08/2018, com decisão publicada no DEJT, 03/09/2018. Nessa decisão, o colegiado era composto pelo Ministro Luiz Philippe Vieira de Mello Filho e pelo Desembargador convocado Ubirajara Carlos Mendes, com julgamento por unanimidade.

AGRAVO DE INSTRUMENTO EM RECURSO DE REVISTA EM FACE DE DECISÃO PUBLICADA NA VIGÊNCIA DA

LEI N. 13.015/2014. NEGATIVA DE PRESTAÇÃO JURISDICIONAL. Em virtude da natureza especial do recurso de revista, decorre a necessidade de observância de requisitos próprios de admissibilidade, entre os quais o disposto no artigo 896, § 1º-A, I, da CLT, introduzido pela Lei n. 13.015/2014, que disciplina ser ônus da parte a indicação do trecho da decisão recorrida que consubstancia o prequestionamento da controvérsia objeto do apelo. A previsão contida no novel dispositivo, juntamente com os incisos que lhe sucedem, representa a materialização do Princípio da Impugnação Específica e a dialeticidade recursal. Objetiva evitar que seja do órgão julgador a tarefa de interpretar a decisão impugnada, para deduzir a tese nela veiculada e a fundamentação que ampara a pretensão, naquilo que corresponde ao atendimento dos pressupostos singulares do apelo interposto. Transpondo tal exigência para os casos em que se busca o reconhecimento da negativa de prestação jurisdicional, a parte deverá demonstrar, de forma inequívoca, que provocou a Corte de origem, mediante a oposição de embargos declaratórios, no que se refere à matéria desprovida de fundamentação. Necessário, portanto, transcrever o trecho pertinente da petição de embargos e do acórdão prolatado no seu julgamento, para possibilitar o cotejo entre ambos. Precedente da SBDI-1 desta Corte (E-RR-1522-62.2013.5.15.0067). No caso, inexistindo a delimitação dos pontos sobre os quais o Tribunal Regional, supostamente, teria deixado de se manifestar, torna-se inviável a análise da nulidade. Agravo de instrumento conhecido e não provido. PROGRAMA DE VOLUNTÁRIOS DA COPA DO MUNDO FIFA 2014. COMITÊ ORGANIZADOR BRASILEIRO LTDA. (COL). PESSOA JURÍDICA DE DIREITO PRIVADO. FINS LUCRATIVOS. LEI N. 12.663/2012 ("LEI GERAL DA COPA"). ADI N. 4.976/DF. SERVIÇO VOLUNTÁRIO. CONTEXTO ATÍPICO. EXCEPCIONALIDADE DA LIMITAÇÃO PREVISTA NO ARTIGO 1º DA LEI N. 9.608/98. DECISÃO JUDICIAL E ANÁLISE DE SUAS CONSEQUÊNCIAS PRÁTICAS. SOLUÇÃO JURÍDICA PROPORCIONAL, EQUÂNIME E COMPATÍVEL COM OS INTERESSES GERAIS (ARTIGOS 20 E 21 DA LINDB - INCLUÍDOS PELA RECENTÍSSIMA LEI N. 13.655/2018). Como é cediço, os requisitos para a caracterização do serviço voluntário são: trabalhador pessoa física; entidade pública ou instituição privada sem fins lucrativos com objetivos cívicos, culturais, educacionais, científicos, recreativos ou de assistência social (artigo 1º da Lei n. 9.608/98); celebração de "termo de adesão" com a discriminação do objeto e condições do exercício das atividades (artigo 2º da lei mencionada); natureza não onerosa da prestação do serviço. No presente caso, o programa sob a responsabilidade do réu previa que o voluntário deveria ter idade mínima de 18 (dezoito) anos e disponibilidade para trabalhar no período de 20 (vinte) dias corridos, em turnos que poderiam alcançar até 10 (horas) de trabalho, conforme premissas fáticas delineadas na decisão regional, observando-se o requisito legal acerca da celebração mediante termo de adesão entre a entidade contratante e o voluntário, e constituindo prova documental da não formalização do vínculo de emprego. **Já em relação à natureza não onerosa da prestação do serviço, relevante destacar a definição veiculada pela Organização das Nações Unidas (ONU): "voluntário é o jovem, adulto ou idoso, que devido a seu interesse pessoal e seu espírito cívico, dedica parte do seu tempo, sem remuneração, a diversas formas de atividades de bem-estar social ou outros campos".** A propósito, vale conferir a lição de Mauricio Godinho Delgado, segundo o qual a dimensão subjetiva do serviço voluntário "traduz-se, pois, na índole, na intenção, no ânimo de a pessoa cumprir a prestação laborativa em condições de benevolência. Essencialmente tal ideia importa na graciosidade da oferta do labor, em anteposição às distintas formas de trabalho oneroso que caracterizam o funcionamento da comunidade que cerca o prestador de serviços." (Curso de direito do trabalho - 12ª ed. São Paulo: LTr, 2013, p. 350-351). Nesse aspecto, é nítida a intenção dos milhares de voluntários (cerca de 14 mil pessoas dentre 152 mil cadastros realizados) que trabalharam em evento internacional esportivo por interesses alheios ao de receber remuneração pelas atividades prestadas. Consta no acórdão recorrido, inclusive, que, da análise dos depoimentos transcritos, "restou claro que a adesão dos depoentes foi voluntária, atendendo o requisito substancial à configuração do trabalho voluntário, e que parte deles tinha atividade regular remunerada, tendo atuado apenas nos eventos realizados nos fins de semana ou nos períodos em que tinham disponibilidade". Aliás, não se pode olvidar que a Copa do Mundo foi realizada num país que tem verdadeira "paixão nacional" pelo futebol e orgulha-se de ser pentacampeão mundial nesse esporte. De outra parte, conforme bem assevera a doutrina trabalhista, é inconcebível que o serviço voluntário seja prestado a entidades privadas com finalidade lucrativa, na medida em que não pode ser instrumento para o sistema ampliar seus ganhos ou como expediente de recrutamento de mão de obra gratuita. Aqui reside o ponto nodal do exame da matéria. Isso porque, embora o Comitê Organizador Brasileiro Ltda. (COL) seja pessoa jurídica de direito privado, reconhecida pela FIFA, constituída sob as leis brasileiras com o objetivo de promover a Copa das Confederações FIFA 2013 e a Copa do Mundo FIFA 2014, nos termos do inciso II do artigo 2º da Lei n. 12.663/2012, certo é que referida legislação permitiu expressamente o serviço voluntário na organização e realização dos eventos, conforme artigos 57 e 58 da lei em comento. Para parte da doutrina, referida "permissão" é fruto do que se denomina "estado de exceção", no qual a norma em vigor não se aplica, ficando suspensa. E, conforme inúmeras críticas a respeito, haveria a conformação do Direito interno ao neoliberalismo, inclusive por meio da limitação aos direitos da população em geral para garantir a acumulação capitalista. Entrementes, importante consignar que a "Lei Geral da Copa", sancionada pela Presidente da República em 5 de junho de 2012, com prazo de vigência até o dia 31 de dezembro de 2014, insere-se no arcabouço normativo elaborado com o fim de viabilizar a realização dos grandes eventos esportivos no Brasil, constituindo instrumento para internalizar, no plano jurídico, garantias conferidas pelo País à FIFA - Fédération Internationale de Football Association, associação suíça de direito privado que regula o futebol em todo o mundo. Isso em razão de referida Organização - responsável pela escolha do país-sede - impor procedimentos que visam regulamentar o bom andamento do evento, inclusive mediante alteração legislativa nacional, com o intuito de fomentar condições mais favoráveis às relações comerciais e o interesse dos patrocinadores (chamado *Hosting Agreement* - "acordo para sediar"). Decerto, não se pode olvidar que, apesar dos nobres objetivos da FIFA, a democratização de suas regras políticas é um desafio para o alcance dos desideratos propostos, até mesmo em respeito à soberania dos Estados - suas normas e direitos fundamentais.

Entretanto, diferentemente do que pretende fazer crer o Parquet, não se trata simplesmente da análise de violação ou não do artigo 1º da Lei n. 9.608/98, diante dos lucros auferidos pelo réu, sob a ótica formal-legalista. A matéria trazida ao debate não se esgota no direito material propriamente dito; há que se levar em conta o aspecto imaterial do evento no chamado "País do Futebol", reconhecido, inclusive, pela expressão "Pátria de Chuteiras" - metáfora preconizada na célebre frase do escritor e jornalista brasileiro Nelson Rodrigues, para descrever a mobilização, a expectativa e o sentimento que as copas do mundo geram no País. Nesse diapasão, é fundamental mencionar o artigo 217 da Constituição Federal que impõe ao Poder Público, como valor a ser necessariamente observado, "a proteção e o incentivo às manifestações desportivas de criação nacional" (inciso IV). Soma-se a isso o fato de que no processo de preparação e realização do evento futebolístico, nos moldes do artigo 29, I, "b", e III, da "Lei Geral da Copa", foi firmado o compromisso do País com a valorização do trabalho e dos trabalhadores, conforme campanha intitulada **"Trabalho decente: o melhor gol do Brasil", com o apoio até mesmo da OIT (Organização Internacional do Trabalho).** A propósito, conforme bem ressalvado pelo Ministro Ricardo Lewandowski, Relator da Ação Direta de Inconstitucionalidade - ADI 4.976/DF -, ajuizada pela douta Procuradoria Geral da República, "o futebol, como esporte plenamente incorporado aos costumes nacionais, deve ser protegido e incentivado por expressa imposição constitucional, mediante qualquer meio que a Administração Pública considerar apropriado". Em suas apropriadas palavras, "é escusado lembrar que, por mais que alguém, entre nós, seja indiferente ou mesmo refratário a tudo o que diga respeito ao futebol, a relação da sociedade brasileira com os mais variados aspectos desse esporte é estreita e singularíssima, estando ele definitivamente incorporado à cultura popular, seja na música, seja na literatura, seja no cinema, seja, enfim, nas artes em geral, fazendo-se presente, em especial, na maioria das grandes festas nacionais". Em referida ação, julgada improcedente, embora não tenham sido objeto de análise os artigos 57 e 58 da "Lei Geral da Copa", concluiu-se, por ocasião da alegada inconstitucionalidade do artigo 23 da Lei n. 12.663/2012, pela possibilidade de o legislador optar, em situações particulares ou contextos atípicos, por regime de responsabilização civil mais abrangente do que aquele definido, como regra geral, no artigo 37, § 6º, da Constituição Federal. A FIFA, de fato, é entidade privada de caráter internacional e, como é de conhecimento geral, obteve vultosos resultados financeiros com o evento realizado. Contudo, nos moldes da decisão proferida pelo Supremo Tribunal Federal, a edição da Lei n. 12.663/2012 resultou de compromisso assumido pela República Federativa do Brasil, ainda à época de sua candidatura a sediar a Copa de 2014, em se comprometer com o conjunto de garantias apresentadas, em decorrência de decisão soberana do País. Destarte, lógica semelhante há de se adotar no presente caso, "como sistema de gerenciamento de situações excepcionais", em que o serviço voluntário prestado na organização e realização dos eventos da COPA DO MUNDO FIFA 2014 não se sujeita à limitação prevista no artigo 1º da Lei n. 9.608/98. Em arremate, necessária a menção da recentíssima alteração na LINDB, introduzida pela Lei n. 13.655, de 25 de abril de 2018, no sentido de que "não se decidirá com base em valores jurídicos abstratos sem que sejam consideradas as consequências práticas da decisão", bem assim que a decisão deverá ser proporcional, equânime, eficiente e compatível com os interesses gerais (artigos 20 e 21 da LINDB) - destaquei. Sendo assim, conquanto legítima e louvável a iniciativa do Ministério Público do Trabalho, inclusive, respaldada pelo então "MANIFESTO CONTRA O TRABALHO 'VOLUNTÁRIO' NA COPA" (assinado por mais de 200 renomados representantes da comunidade jurídica), em trazer ao debate desta Corte Superior tema de magna importância, principalmente em razão da polêmica instaurada, conclui-se pela manutenção de improcedência dos pedidos iniciais formulados. Agravo de instrumento conhecido e não provido. (AIRR-10704-52.2014.5.01.0059, Relator Ministro: Cláudio Mascarenhas Brandão, Data de Julgamento: 29/08/2018, 7ª Turma, Data de Publicação: DEJT 03/09/2018, grifos acrescidos).

Transcreve-se, a seguir, a ementa do Acórdão da decisão proferida pelo TST no processo RR-1628-43.2010.5.03.0138, decisão da 7ª Turma do TST, em que foi relator o Ministro Douglas Alencar Rodrigues, com julgamento ocorrido em sessão de 01/10/2014, publicada no DEJT, 03/10/2014. Demais integrantes da Turma no julgamento, Ministros

Luiz Philippe Vieira de Mello Filho e Cláudio Mascarenhas Brandão, seguiram o relator:

> II. RECURSO DE REVISTA DA PRIMEIRA RECLAMADA (POTENCIAL SERVIÇOS TERCEIRIZADOS LTDA. - ME) E DO SEGUNDO RECLAMADO (BANCO POPULAR DO BRASIL S.A.). ANÁLISE CONJUNTA. CORRESPONDENTE BANCÁRIO. TERCEIRIZAÇÃO. LICITUDE. APLICAÇÃO DA JORNADA ESPECIAL PREVISTA PARA OS BANCÁRIOS (ART. 224 DA CLT). Verificada a licitude da terceirização de atividades-meio pelas instituições financeiras em favor dos correspondentes bancários, em estrita consonância com os atos expedidos pelo Conselho Monetário Nacional, no exercício legítimo de sua competência normativa, não se mostra possível enquadrar os empregados vinculados a essas atividades na categoria profissional dos bancários, reconhecendo-lhes todos os direitos previstos em normas de origem legal e negocial. Nada obstante, a realidade dinâmica das relações de produção - gerando novas e inusitadas situações e causando perplexidades e dificuldades de enquadramento nos modelos legais superados - há de exigir posturas interpretativas que sejam capazes de resguardar a eficácia das normas de proteção social, que estão voltadas, em última análise, à tutela do trabalho decente e à promoção da melhoria da condição social do trabalhador. Disso decorre que a assunção por empresas da condição de correspondentes bancários - apesar de legitimada por normas legais e de não convolar sua identidade jurídica em instituição financeira típica (art. 17 da Lei 4.595/64) - deve determinar a incidência das normas de proteção específicas, relativas à duração do trabalho, aos empregados envolvidos nas atividades bancárias. Precedentes desta Turma. Recursos de revista conhecidos e parcialmente providos. (RR-1628-43.2010.5.03.0138, Relator Ministro: Douglas Alencar Rodrigues, Data de Julgamento: 01/10/2014, 7ª Turma, Data de Publicação: DEJT 03/10/2014, grifos acrescidos)

Por fim, pode-se afirmar que somente 3 dos 12 acórdãos identificados apresentam como fundamento o Trabalho Decente como argumento principal da decisão. Desses, somente 2 acórdãos consideraram em sua fundamentação normas internacionais destinadas a assegurar o

Trabalho Decente e as normas da Organização Internacional do Trabalho como constitutivas do núcleo decisório. Essa constatação não respalda a hipótese básica da pesquisa: "É usual a aplicação dos princípios e normas do Trabalho Decente da OIT, na jurisprudência do Tribunal Superior do Trabalho, para a concretização do Trabalho Decente".

A resposta é negativa e a conclusão é que é excepcional a aplicação dos princípios e normas do Trabalho Decente da OIT para a concretização do conceito de Trabalho Decente, como fundamento decisório, na jurisprudência do TST. Como consequência, é possível confirmar a hipótese secundária, qual seja: "As questões relacionadas ao Trabalho Decente são resolvidas com base nas normas constitucionais e infraconstitucionais pátrias, sem a utilização de repertório do direito internacional do trabalho".

Em síntese, as primeiras observações a partir da análise das informações e dados da pesquisa quantitativa, considerando o universo de acórdãos examinados contendo em suas ementas o termo Trabalho Decente, são no sentido de que é possível ter uma visão geral do tratamento do tema na jurisprudência do Tribunal Superior do Trabalho.

Em razão do reduzido número de acórdãos encontrados tratando do tema, ou seja, identificado apenas em 14 processos, pode-se considerar como confirmadas as seguintes hipóteses secundárias desta pesquisa. A primeira hipótese: "O tema Trabalho Decente ainda é pouco debatido na jurisprudência do TST". A segunda: "Na jurisprudência do TST a temática relacionada ao Trabalho Decente é resolvida com fundamento nas normas constitucionais e infraconstitucionais pátrias, sem aplicar as normas e princípios do Direito Internacional do Trabalho".

O estudo dos documentos selecionados permite também responder à hipótese básica formulada, que é a seguinte: "É usual a aplicação dos princípios e normas do Trabalho Decente da OIT, na jurisprudência do Tribunal Superior do Trabalho, para a concretização do Trabalho Decente". A resposta fundamentada nos documentos analisados é negativa, ou seja: "É excepcional a aplicação dos princípios e normas do Trabalho Decente da OIT como fundamento, para a concretização do trabalho decente na jurisprudência do TST.

Dessa forma, é possível também dar resposta ao ponto central que norteia a presente pesquisa, qual seja: "a jurisprudência do Tribunal Superior do Trabalho contempla as normas internacionais de direitos humanos trabalhistas, em especial a Agenda do Trabalho Decente (1999) da OIT, como fundamento decisório para a concretização do Trabalho Decente no Brasil?". A resposta é negativa. O respaldo para a resposta encontra-se na pesquisa documental, somando-se a ela outras publicações referidas, as quais concluíram pela importância de se avançar nesse terreno, considerando ser ainda incipiente a prática de aplicação das normas internacionais do trabalho, especialmente da Agenda do Trabalho Decente, nas decisões do TST.

É possível observar ainda que somente três entre os acórdãos analisados continham fundamentos a partir do conceito de Trabalho Decente como argumento central das razões de decidir, sendo que somente dois apresentaram referências às normas da Organização Internacional do Trabalho.

3.5.3 Da Pesquisa Qualitativa

Após a realização da pesquisa quantitativa e considerando o pequeno número de acórdãos encontrados, entende-se necessária a realização de uma pesquisa qualitativa para melhor compreender a estrutura decisória dos votos, para somente depois passar ao estudo da hierarquia dos fundamentos listados e a influência das normas internacionais e dos documentos da OIT.

Dessa forma, será buscado um maior aprofundamento nos dados identificados na pesquisa quantitativa, por meio da análise do texto dos acórdãos que apresentaram o termo Trabalho Decente em suas ementas. Assim, serão estudados os mesmos 14 acórdãos, mas, desta feita, será analisada a estrutura do discurso a fim de identificar os eixos centrais de argumentação, para ao final responder à questão que orienta este trabalho: "A jurisprudência do Tribunal Superior do Trabalho contempla as normas internacionais de direitos humanos trabalhistas, em especial a Agenda do Trabalho Decente (1999) da OIT, como fundamento decisório para a concretização do Trabalho Decente no Brasil?".

O recorte temporal da pesquisa abrangeu o período disponível para busca na página do TST a partir do lançamento, pela OIT, da Agenda do Trabalho Decente, no ano de 1999, até a data em que se deu o início do levantamento documental, 1º/12/2021.

Em regra, as pesquisas qualitativas são realizadas em campo, por meio de entrevistas, grupos focais e de anotações durante os períodos destinados às observações. Pode ser acrescida ainda a coleta de áudios, vídeos, imagens, textos e falas aptos a constituírem objeto de estudo pelo pesquisador.[352]

No presente estudo, foi considerado suficiente o exame do acervo documental selecionado para dar resposta às perguntas centrais formuladas, quais sejam, a hipótese primária e as secundárias. A pesquisa e o estudo mais aprofundado nos 14 acórdãos de decisões do Tribunal Superior do Trabalho, mediante análise detalhada de votos bastante extensos, que é uma constante na maioria dos votos de ministros do TST, aliada ao fato de que o universo escolhido para seleção era bem maior, exigindo trabalho exaustivo da pesquisadora, não foi possível acrescer os demais recursos permitidos na fase de pesquisa qualitativa. Assim, as respostas e a conclusão deste trabalho consideraram, em primeiro plano, a pesquisa documental nos acórdãos de decisões do TST.

Ainda há que se considerar, em linha de justificativa de adoção da modalidade pesquisa documental como fonte principal da pesquisa, que acórdãos são compostos de ementa, relatório e voto proposto do relator, que é submetido ao colegiado – na alta Corte Trabalhista, as Turmas do TST, cada uma composta de três ministros – ou a órgãos judicantes fracionários com composição mais elevada do ponto de vista numérico. No caso concreto deste estudo, as decisões analisadas são oriundas de três Turmas distintas do TST e uma decisão da Seção de Dissídios Individuais II, composta por nove ministros. O Pleno do TST é composto por sete ministros.

Quanto à metodologia empregada na pesquisa qualitativa, o primeiro passo foi selecionar todas as menções aos seguintes termos: "Trabalho Decente OIT" e "Trabalho Decente". Essas menções foram mantidas no contexto em que foram trazidas nas decisões, de forma a permitir a compreensão do sentido de sua aplicação.

De igual modo, foi realizada a consolidação dos trechos pertinentes como se fosse um trecho único, possibilitando a análise, em seguida, da estrutura da argumentação empregada. Por fim, servindo-se da ferramenta

---

(352) NEVES, José Luis. Pesquisa Qualitativa – características, usos e possibilidades. *Caderno de Pesquisas em Administração*, São Paulo, v. 1, n. 3, p. 1-5, 2º sem. 1996. Disponível em: <https://www.academia.edu/8171621/PESQUISA_QUALITATIVA_CARACTER%C3%8DSTICAS_USOS_E_POSSIBILIDADES>. Acesso em: 2 fev. 2022.

tecnológica disponível ao público denominada WordClouds[353], identificou-se a frequência das palavras-chave nos acórdãos pesquisados. O objetivo foi o de melhor analisar a base argumentativa dos fundamentos trazidos nos votos pesquisados.

Cabe destacar ainda, quanto à metodologia, que as menções ao Trabalho Decente e às normas internacionais dos direitos humanos trabalhistas são, em regra, feitas como fundamento preambular nos votos do TST analisados, na introdução da análise dos casos concretos.

Pode-se observar ainda que não é comum nas decisões do TST o enquadramento do caso em julgamento às normas internacionais ou a documentos e convenções da OIT. Quando aparece o argumento em torno da temática, não se observa no desenvolvimento do voto uma postura crítica em relação aos conceitos de Trabalho Decente; as correlações somente são feitas ante as normas constitucionais e infraconstitucionais nacionais.

A pesquisa realizada permite constatar que a menção às normas internacionais ou a documentos ou convenções da OIT é feita unicamente no plano secundário, sem transcrevê-las e sem provocar reflexão sobre seu acolhimento ou não para o resultado da lide.

É possível observar ainda que, mesmo acolhendo preceito estabelecido na Convenção n. 1 da OIT, documento no qual é regulamentada no plano internacional a limitação da jornada de trabalho a 8 horas por dia e 48 horas por semana, a fundamentação do voto[354] traz expressamente a identificação apenas da legislação nacional. Na fundamentação existe referência à OIT e à "campanha intitulada Trabalho Decente", embora não haja menção concreta à Convenção da OIT referida, nem a artigo ou texto que identifique a disposição, deixando-se de revelar no voto a existência do Programa Agenda do Trabalho Decente, da pauta oficial da OIT.

---

(353) WORDCLOUD GENERATOR. Disponível em: <https://www.wordclouds.com>. Acesso em: 2 fev. 2022.

(354) BRASIL. Tribunal Superior do Trabalho. 3ª Turma. *Acórdão do RR-11191-44.2013.5.01.0063*. Relator: Ministro: Mauricio Godinho Delgado. Julg. 14/03/2018. Publ. DEJT, 23/03/2018. Disponível em: <https://tst.jusbrasil.com.br/jurisprudencia/559894434/recurso-de-revista--rr-111914420135010063/inteiro-teor-559894450>. Acesso em: 10 fev. 2022.

Na mesma linha, pode-se observar a menção à OIT e às suas normas como argumento de autoridade. A OIT foi citada no voto, não por seu poder de aprovar e emitir Convenções, Recomendações, Resoluções e Documentos internacionais, nem por sua atuação integrativa e normativa na esfera internacional, mas na condição de órgão político, como argumento de autoridade ratificando medidas tomadas pelo Brasil durante a Copa do Mundo[355]. Não é, portanto, uma hipótese de fundamentação do voto em normas internacionais de direitos humanos trabalhistas, mas sim de um recurso de retórica para construir a decisão.

Finalmente, em dois dos acórdãos selecionados, pode-se identificar uma maior profundidade na apreciação, nos fundamentos e na aplicação das normas internacionais de direitos humanos trabalhistas, em especial da OIT.

É possível identificar nos votos a estruturação lógica e ordenada dos argumentos, a partir do conteúdo de normas internacionais, interligado ao caso concreto em julgamento, demonstrando uma visão clara da construção dos direitos humanos trabalhistas de âmbito internacional, bem como sua aplicabilidade no ordenamento jurídico nacional, em sintonia com o direito social trabalhista constitucionalizado a partir da Carta Magna de 1988.

Na análise pelo ângulo da ferramenta WordClouds[356], é possível visualizar a frequência do emprego das palavras nos acórdãos selecionados, permitindo melhor explorar a argumentativa do discurso.

A **Figura 1** representa as palavras ou os termos que aparecem com maior frequência no texto compilado das menções ao termo Trabalho Decente, bem como às convenções e documentos da OIT, tendo como moldura o mapa do Brasil. Essas menções foram mantidas no mesmo contexto em que apareceram nas decisões examinadas, de forma a permitir a compreensão do sentido de sua aplicação.

---

(355) BRASIL. Tribunal Superior do Trabalho. 7ª Turma. *Acórdão do AIRR-10704-52.2014.5.01.0059*. Relator: Ministro: Cláudio Mascarenhas Brandão. Julg. 29/08/2018. Publ. DEJT, 03/09/2018. Disponível em: <https://tst.jusbrasil.com.br/jurisprudencia/621987316/agravo-de-instrumento-em--recurso-de-revista-airr-107045220145010059/inteiro-teor-621987336>. Acesso em: 10 fev. 2022.

(356) WORDCLOUD GENERATOR. Disponível em: <https://www.wordclouds.com>. Acesso em: 2 fev. 2022.

Desse modo, os termos ou as palavras mencionadas em maior número de vezes são visualizadas em tamanho maior. As menos identificadas, em tamanho menor. A dimensão do termo Trabalho Decente, no modo gráfico e direto, indica o grau de dispersão em relação aos textos dos acórdãos e decisões do TST selecionados para exame na presente pesquisa.

Figura 1 – Palavras-chave dos julgados analisados

Fonte: Elaboração própria no WordClouds.

Assim, na **Figura 1**, é possível visualizar, em primeiro plano e com bastante destaque pela maior dimensão, as seguintes palavras: "decente, trabalhador, fundamentais, direitos, internacional, OIT, direito e Constituição", todas com alto índice de ocorrência na linha argumentativa dos acórdãos dos votos do TST analisados.

Pelo resultado visual, é possível afirmar que as questões relacionadas ao Trabalho Decente foram fundamentadas e decididas mencionando-se os conceitos de direitos fundamentais, Direito Internacional, Direito Constitucional, direito dos trabalhadores e da OIT. Essa amostra permite afirmar a coerência na aplicação dos conceitos do Trabalho Decente.

Desse modo, não se pode afirmar que é usual ou comum a prática da Corte Superior da Justiça do Trabalho. Ao contrário, a demonstração é que é extraordinária a invocação, nos fundamentos e nas decisões do TST, de normas internacionais trabalhistas, da OIT e documentos internacionais, a exemplo da Agenda do Trabalho Decente. Por outro lado, é possível afirmar que, nas raras decisões do Tribunal Superior do Trabalho que adotam na linha de argumentação esses preceitos da esfera internacional, o TST o faz de forma adequada e eficiente.

Ainda sobre o estudo refletido na Figura 1, é possível observar que as palavras "dignidade, pessoa, humana, princípios e valorização" aparecem com baixíssima frequência nos acórdãos de decisões do TST. Essa constatação suscita algumas reflexões, considerando que essas palavras têm significados e conceitos relacionados à dignidade da pessoa humana, à valorização do trabalho e do ser humano trabalhador, aos princípios dos direitos humanos, sociais e trabalhistas.

Em conclusão, é imperativo destacar que a pesquisa qualitativa não admite a generalização de seus achados. O objetivo, na realidade, é o de apoiar pesquisadoras e pesquisadores a fim de que possam melhor compreender o fenômeno social analisado.

Findo o desenvolvimento da pesquisa, identificaram-se quatro eixos de fundamentação para a estruturação dos acórdãos de decisões do TST: inicial, citação, argumento de autoridade, plenitude.

    A. "Inicial": caracteriza-se pela invocação dos conceitos do Trabalho Decente e das normas internacionais, como introdução e contextualização da decisão.

B. "Citação": como o próprio nome indica, refere-se ao momento em que o Trabalho Decente e as normas internacionais aparecem apenas como menções no voto, sem nenhuma contextualização ou transcrição.

C. "Argumento de autoridade": relaciona-se aos casos em que a menção à OIT se deu não por sua atuação integrativa e normativa internacional, mas na condição de órgão político internacional.

D. "Plenitude": destaca-se pela maior profundidade na fundamentação e na aplicação das normas internacionais de direitos humanos trabalhistas.

Essas constatações feitas nos documentos analisados permitem confirmar a hipótese secundária que norteia essa pesquisa, segundo a qual: "Na jurisprudência do TST a temática relacionada ao Trabalho Decente é resolvida com fundamento nas normas constitucionais e infraconstitucionais, sem aplicar as normas e princípios do Direito Internacional do Trabalho".

Por fim, voltando ao problema central posto, qual seja: "a jurisprudência do Tribunal Superior do Trabalho contempla as normas internacionais de direitos humanos trabalhistas, em especial a Agenda do Trabalho Decente (1999) da OIT, como fundamento para a concretização do Trabalho Decente no Brasil?". E ainda: "O tema Trabalho Decente ainda é pouco debatido na jurisprudência do TST?". Pode-se afirmar que, mesmo nos raros casos fundamentados nas normas internacionais como fundamento da decisão, a fundamentação é secundária, sem maior aprofundamento ou contextualização, sem submeter o caso à norma.

Ao fim das etapas anteriores à reunião e análise de dados das pesquisas de modalidades quantitativa e qualitativa, é necessário validar, ou não, a hipótese básica e as hipóteses secundárias elaboradas e ainda dar resposta ao problema que norteia a pesquisa.

Estabeleceu-se como hipótese básica que "é usual a aplicação dos princípios e normas do Trabalho Decente da OIT, na jurisprudência do Tribunal Superior do Trabalho, para a concretização do Trabalho Decente". Em relação a ela, a assertiva mostra-se negativa, tanto pela confirmação das hipóteses secundárias, a seguir analisadas, quanto quer pela quantidade ínfima de acórdãos fundamentados na temática, encontrados durante a pesquisa quantitativa, quer pelas hipóteses raras de fundamentação das decisões do TST em normas internacionais de direitos humanos trabalhistas, como fundamento central da decisão identificada na pesquisa qualitativa.

A pesquisa quantitativa demonstrou que somente 3 dos 12 acórdãos do TST selecionados consideraram em suas fundamentações o Trabalho Decente como argumento principal. E somente 2 deles consideraram em seu núcleo decisório as normas internacionais com Convenções ou Documentos da OIT.

Ainda, a pesquisa qualitativa demonstrou a referência às normas internacionais nos votos de maneira exordial, com menção à existência ou como argumento de autoridade.

Dessa forma, pode-se confirmar a validade da hipótese que atesta a ausência das normas de Direito Internacional do Trabalho na fundamentação dos votos que formam a jurisprudência do TST, no que concerne ao Trabalho Decente.

Considerando que, na pesquisa quantitativa, foram encontrados somente 16 acórdãos que mencionaram o termo "Trabalho Decente" em suas ementas, ou mesmo considerando o universo documental da pesquisa, de apenas 1.161 decisões que incluem o termo Trabalho Decente nos acórdãos de decisões do TST. Essas constatações confirmam a validade da hipótese.

Considerando ainda que, no universo documental da pesquisa de 1.161 acórdãos do TST que incluem o termo Trabalho Decente, somente foram encontrados 16 acórdãos com menção ao referido termo em suas ementas, confirma-se a validade da hipótese.

Em relação à hipótese secundária, "o tema Trabalho Decente ainda é pouco debatido na jurisprudência do TST", realiza-se a seguinte análise de validação.

Pode-se afirmar que o tema Trabalho Decente ainda é pouco debatido na jurisprudência do TST, suscitando séria reflexão sobre possíveis ações destinadas à implementação de uma cultura diferente no Judiciário Trabalhista do Brasil, quanto à importância das normas internacionais de direitos humanos trabalhistas, principalmente as emanadas da OIT. Tal reflexão é necessária tendo em conta a precariedade das relações de trabalho informal no Brasil, os casos de trabalho análogo ao de escravo, a exploração crescente do trabalho infantil, o recorde numérico de acidentes do trabalho e de doenças ocupacionais e os impactos gerados pela Lei n. 13.467/17, a chamada Reforma Trabalhista, que atingiu o mundo do trabalho, com vários prejuízos aos trabalhadores.

Após a validação das hipóteses básica e secundárias, deve-se responder ao problema formulado, qual seja: "a jurisprudência do Tribunal Superior do Trabalho contempla as normas internacionais de direitos humanos trabalhistas, em especial a Agenda do Trabalho Decente (1999) da OIT, como fundamento para a concretização do Trabalho Decente no Brasil?"

Tanto os resultados apurados nas pesquisas quantitativa e qualitativa, quanto a confirmação da hipótese básica e das hipóteses secundárias demonstram que a resposta ao problema formulado é negativa, inclusive pelo reduzido número de acórdãos do TST encontrados com menção ao termo "Trabalho Decente" em suas ementas ou na íntegra do voto.

Pode-se verificar nos votos que a argumentação se dá considerando somente as normas constitucionais e infraconstitucionais. As menções às normas internacionais de direitos humanos trabalhistas, em especial da OIT, quando feitas, as são de maneira secundária, sem integrar os argumentos centrais decisórios do Tribunal Superior do Trabalho.

CONCLUSÃO

Chega-se ao final desta obra, cujo tema foi "Trabalho Decente: uma análise na perspectiva dos direitos humanos trabalhistas a partir do padrão decisório do Tribunal Superior do Trabalho", tendo contemplado a análise de referencial teórico doutrinário, de normas internacionais e nacionais, e tendo realizado pesquisa científica a fim de aferir na jurisprudência do Tribunal Superior do Trabalho se seus acórdãos contemplam as normas internacionais de direitos humanos trabalhistas, em especial a Agenda do Trabalho Decente da OIT, de 1999, como fundamento para a concretização do Trabalho Decente. Os resultados obtidos permitem afirmar que a dignidade da pessoa humana, assegurada na Constituição da República Federativa do Brasil de 1988, e o Trabalho Decente, concebido pela OIT, trouxeram para a ordem do dia a reafirmação da importância dos direitos humanos trabalhistas para a concretização do sistema de justiça à luz do valor da justiça social.

A concretização dos direitos sociais e, no caso em pesquisa, do Trabalho Decente merece especial destaque principalmente considerando a situação global e nacional de crescimento das ideias neoliberais, de imposição dos interesses do mercado e da globalização. A desigualdade social e econômica é crescente, particularmente no Brasil, um dos países mais desiguais do mundo, e tem se agravado ainda mais com o surgimento das novas tecnologias e com o aumento do número de postos de trabalho em situações precárias sem a garantia do mínimo existencial.

Pode-se afirmar que os direitos humanos e os direitos fundamentais guardam estreita correlação e igual importância no que se refere à essencialidade para a vida e para a pessoa humana no trabalho, observados os parâmetros de justiça social. A dignidade da pessoa humana, como núcleo paradigmático dos direitos humanos trabalhistas, deve ser analisada sob a perspectiva de que a concretização do trabalho digno tem como premissa a concretude dos direitos fundamentais na esfera interna, com o cumprimento dos preceitos da Constituição Federal e das normas internacionais de proteção ao trabalho.

A dignidade da pessoa humana é indutora do avanço das conquistas dos direitos sociais, trabalhistas e previdenciários. A CRFB/88 assegura à pessoa humana a condição de centralidade na ordem jurídica nacional, mas a efetivação desses direitos ainda tem um longo caminho a percorrer. No Estado Democrático de Direito, é imprescindível que se torne realidade o reconhecimento da dignidade da pessoa humana como princípio norteador do trabalho e das relações dele decorrentes.

O Programa Trabalho Decente da OIT tem como objetivo a implementação do trabalho livre, em condições justas e favoráveis, o que, na realidade, já era buscado desde a *Declaração Universal dos Direitos Humanos* (DUDH), de 1948. No entanto, foi com a aprovação da *Declaração de Princípios e Direitos Fundamentais no Trabalho* (1998), pela OIT, que se deu sua maior promoção e expansão. O passo seguinte da Instituição foi a aprovação, em 1999, da Agenda do Trabalho Decente, com vistas à sua ampliação e efetividade, em clara mudança na sua atuação em âmbito internacional.

Pode-se concluir que a pesquisa dos documentos internacionais da OIT, trazidos à luz em mais de um século de atuação, demonstram que a Organização foi se consolidando ao longo do tempo na perspectiva do avanço civilizacional do mundo do trabalho. Lançado em 1999, o Programa Trabalho Decente foi adotado pelo governo brasileiro no ano de 2003. O passo seguinte do Brasil foi assinar o *Memorando de Entendimento* instituindo o Programa de Cooperação Técnica para a Promoção de uma *Agenda Nacional de Trabalho Decente* (ANDT).

A análise do Trabalho Decente na construção da jurisprudência do TST está inserida no contexto da importância que se dá, principalmente na atualidade, ao seu papel de uniformização da jurisprudência nacional. Mormente se se considerar que o Brasil é um país de grande dimensão geográfica e com enormes diferenças de ordem social, econômica e política, atraindo a atenção para o mundo do trabalho em suas mais diversas nuances.

O interesse pela pesquisa sobre o padrão decisório do TST, na perspectiva dos direitos humanos trabalhistas, é relevante, tanto do ponto de vista de investigação sobre como tem evoluído a jurisprudência em relação ao tema, quanto da perspectiva de chamar a atenção para a importância do TST integrar ao padrão de suas decisões os direitos humanos trabalhistas.

À guisa de conclusão, merece destaque a Recomendação n. 123, do Conselho Nacional de Justiça (CNJ), publicada em 11/1/22, direcionada ao Poder Judiciário brasileiro no sentido de observar os Tratados e Convenções Internacionais de Direitos Humanos e a jurisprudência da Corte Interamericana de Direitos Humanos (CIDH). A referida recomendação, de grande importância para este estudo e pesquisa, contempla o controle de convencionalidade, determinando aos juízes e juízas nacionais a compatibilização em suas decisões da aplicação das normas nacionais à luz das normas internacionais, observada a mais benéfica à promoção dos direitos humanos.

Nesta investigação, o problema de pesquisa foi formulado nos seguintes termos: "a jurisprudência do Tribunal Superior do Trabalho contempla as normas internacionais de direitos humanos trabalhistas, em especial a Agenda do Trabalho Decente (1999) da OIT, como fundamento para a concretização do Trabalho Decente no Brasil?". A resposta, respaldada pela pesquisa qualitativa e quantitativa, e fundamentada nas pesquisas e estudos referenciados neste trabalho, é negativa. A principal conclusão alcançada é no sentido da importância de o TST avançar em seu padrão decisório, considerando ser ainda ocasional na jurisprudência do Tribunal a aplicação das normas internacionais do trabalho, especialmente da Agenda do Trabalho Decente.

O estudo dos documentos selecionados permitiu responder à hipótese básica formulada: "É usual a aplicação dos princípios e normas do Trabalho Decente da OIT, na jurisprudência do Tribunal Superior do Trabalho, para a concretização do Trabalho Decente", no sentido negativo. Ou seja, não é usual e sim excepcional a aplicação dos princípios e normas do Trabalho Decente da OIT como fundamento para a concretização do Trabalho Decente na jurisprudência do TST.

A Justiça do Trabalho, na condição de justiça social brasileira, tem o papel essencial de assegurar os direitos humanos trabalhistas, garantindo o Trabalho Decente e a dignidade da pessoa humana. Para isso, é imprescindível que a Justiça do Trabalho incorpore, em seu padrão decisório, as normas internacionais do trabalho, em especial da Organização Internacional do Trabalho, inclusive por meio do controle de convencionalidade.

Por fim, considera-se que, somente com a participação efetiva de todos os magistrados e magistradas da Justiça do Trabalho, seguindo a orientação do CNJ de observar os Tratados e Convenções internacionais e fazer uso da jurisprudência da Corte Interamericana de Direitos Humanos (CIDH), poderá ser assegurado o Trabalho Decente. Por meio da observância da dignidade da pessoa humana e da redução da desigualdade social e econômica, será possível caminhar rumo à construção de uma sociedade mais justa e humana, da qual são destinatárias todas as pessoas humanas, no Brasil e no mundo.

REFERÊNCIAS

ALVARENGA, Rúbia Zanotelli de. Criação, Fundamentos e Atividade Normativa da Organização Internacional do Trabalho – OIT. *In*: ROCHA, Cláudio Jannotti da *et al*. (org.). *Direito Internacional do Trabalho*: Aplicabilidade e Eficácia dos Instrumentos Internacionais de Proteção ao Trabalhador. São Paulo: LTr, 2018. p. 252-264.

ALVARENGA, Rúbia Zanotelli de. *Direitos Humanos*. São Paulo: LTr, 2016.

ALVARENGA, Rúbia Zanotelli. *O Direito do Trabalho como dimensão dos direitos humanos*. São Paulo: LTr, 2009.

ARANTES, Aldo. A Constituição de 1988 e seu contexto histórico, Direitos Sociais? *In*: ARANTES, Aldo *et al*. (org.). *Por que a Democracia e a Constituição estão sendo atacadas?* Rio de Janeiro: Lumen Juris, 2019. p. 60-66.

ARANTES, Aldo. Em defesa da democracia e da constituição: (des)constitucionalização e neoliberalismo. *In*: ARANTES, Aldo *et al*. (org.). *Por que a democracia e a Constituição estão sendo atacadas?* Rio de Janeiro: Lumen Juris, 2019. p. 183-186.

ARANTES, Delaíde Alves Miranda. A reforma trabalhista e seus impactos nas condições de Trabalho Decente. *In*: FARIAS, James Magno Araújo (org.). *Trabalho Decente*. São Paulo: LTr, 2017. p. 43-48.

ARANTES, Delaíde Alves Miranda. Reforma trabalhista do Brasil: Análise da Lei n. 13.467/17 e suas consequências para o Direito do Trabalho e para o sistema de justiça social. *In*: CÉSAR, João Batista Martins; OLIVA, José Roberto Dantas (org.). *O trabalho decente no mundo contemporâneo e a reforma trabalhista*. São Paulo: LTr, 2020. p. 34-46.

ARRUDA, Kátia Magalhães. *Direito Constitucional do Trabalho*: sua eficácia e o impacto do modelo neoliberal. São Paulo: LTr, 1998.

ARRUDA, Kátia Magalhães. Trabalho Forçado no Brasil: o difícil percurso entre o reconhecimento e a ruptura. *In*: REIS, Daniela Murada *et al*. (coord.). *Trabalho e Justiça Social*: um tributo a Mauricio Godinho Delgado. São Paulo: LTr, 2013. p. 376-381.

ARTUR, Karen. Instituições Judiciais Trabalhistas Brasileiras e OIT: entre Avanços e Recuos. *In*: PESSANHA, Elina Gonçalves da Fonte *et al*. (org.). *OIT 100 anos*: ações, impasses e perspectivas. Rio de Janeiro: Lumen Juris, 2020. p. 25-36.

AZEVEDO NETO, Platon Teixeira de. *Controle de convencionalidade em matéria trabalhista*. Brasília, DF: Venturoli, 2021.

AZEVEDO NETO, Platon Teixeira de. *O trabalho decente como um direito humano*. São Paulo: LTr, 2015.

BARROSO, Márcia Regina Castro. O "Trabalho Decente" e os Desafios da Contemporaneidade. *In*: PESSANHA, Elina Gonçalves da Fonte *et al*. (org.). *OIT 100 anos*: ações, impasses e perspectivas. Rio de Janeiro: Lumen Juris, 2020. p. 39-57.

BARZOTTO, Luciane Cardoso. Declaração do Centenário da OIT de 2019 – ILO Centenary Statement 2019. *In*: ROCHA, Cláudio Jannotti *et al*. (org.). *A Comunicabilidade do Direito Internacional do Trabalho e o Direito do Trabalho Brasileiro*. Vol. 2. São Paulo: Tirant lo Blanch, 2020. (Coleção Internacional do Trabalho). *E-book*. p. 78-89.

BARZOTTO, Luciane Cardoso. *Direitos Humanos e Trabalhadores:* atividade normativa da Organização Internacional do Trabalho. Porto Alegre: Livraria do Advogado, 2007.

BELTRAMELLI, Silvio Neto. Hierarquia das convenções internacionais no direito interno e o controle de convencionalidade das normas internacionais do trabalho. *In*: ROCHA, Cláudio Jannotti da *et al*. (org.). *Direito Internacional do Trabalho*: Aplicabilidade e Eficácia dos Instrumentos Internacionais de Proteção ao Trabalhador. São Paulo: LTr, 2018. cap. 41. p. 453-465.

BELTRAMELLI NETO, Silvio; BONAMIM, Isadora Resende. Estudo crítico da construção e do conteúdo das agendas brasileiras para o trabalho decente. *Revista da Faculdade de Direito do Sul de Minas*, Pouso Alegre, v. 36, n. 2, p. 173-207, jul./dez. 2020. Disponível em: https://revista.fdsm.edu.br/index.php/revistafdsm/article/view/93/79. Acesso em: 21 nov. 2021.

BELTRAMELLI NETO, Silvio; VOLTANI, Júlia de Carvalho. Investigação histórica do conteúdo da concepção de Trabalho Decente no âmbito da OIT e uma análise de sua justiciabilidade. *Revista de Direito Internacional*, Brasília, v. 16, n. 1, p. 166-185, 2019. Disponível em: https://www.publicacoesacademicas.uniceub.br/rdi/article/view/5900/pdf. Acesso em: 21 nov. 2021.

BOBBIO, Norberto. *A era dos direitos*. 2. ed. reform. Rio de Janeiro: Campus, Elsevier, 2004.

BONAVIDES, Paulo. *Curso de Direito Constitucional*. 32. ed. atual. São Paulo: Malheiros, 2017.

BRASIL. Conselho Nacional de Justiça. *Ato Normativo 0008759-45.2021.2.00.0000*. Ato normativo. Autoriza os tribunais a instituírem programas de residência jurídica. Ato aprovado. Relatora: Conselheira Flávia Pessoa. Julg. 14/12/2021. Brasília, 14 dez. 2021. Disponível em: https://www.cnj.jus.br/InfojurisI2/Jurisprudencia.seam?jurispruden-ciaIdJuris=53137&indiceListaJurisprudencia=0&tipoPesquisa=LUCE-NE&firstResult=6. Acesso em: 2 fev. 2022.

BRASIL. Conselho Nacional de Justiça. *Recomendação n. 123, de 7 de janeiro de 2022*. Recomenda aos órgãos do Poder Judiciário brasileiro a observância dos tratados e convenções internacionais de direitos humanos e o uso da jurisprudência da Corte Interamericana de Direitos Humanos. Brasília, 7 jan. 2022. Disponível em: encurtador.com.br/fnuP7. Acesso em: 6 fev. 2022.

BRASIL. *Decreto-Lei n. 5.452, de 1º de maio de 1943*. Aprova a Consolidação das Leis do Trabalho. Rio de Janeiro, 1º de maio de 1943. Disponível em: http://www.planalto.gov.br/ccivil_03/decreto-lei/del5452.htm. Acesso em: 3 fev. 2022.

BRASIL. Tribunal Superior do Trabalho. 3ª Turma. *Acórdão do RR-11191-44.2013.5.01.0063*. Relator: Ministro: Mauricio Godinho Delgado. Julg. 14/03/2018. Publ. DEJT, 23/03/2018. Disponível em: https://tst.jusbrasil.com.br/jurisprudencia/559894434/recurso-de-revista-rr-111914420135010063/inteiro-teor-559894450. Acesso em: 10 fev. 2022.

BRASIL. Tribunal Superior do Trabalho. 7ª Turma. *Acórdão do AIRR-10704-52.2014.5.01.0059*. Relator: Ministro: Cláudio Mascarenhas Brandão. Julg. 29/08/2018. Publ. DEJT, 03/09/2018. Disponível em: https://tst.jusbrasil.com.br/jurisprudencia/621987316/agravo-de-instrumento-em-recurso-de-revista-airr-107045220145010059/inteiro-teor-621987336. Acesso em: 10 fev. 2022.

BRASIL. Tribunal Superior do Trabalho. 7ª Turma. *Acórdão do RR-1076-13.2012.5.02.0049*. Relator: Ministro Cláudio Mascarenhas Brandão. Julg. 24/04/2019. Publ. DEJT, 03/05/2019. Disponível em: http://aplicacao5.tst.jus.br/consultaDocumento/acordao.do?anoProcInt=2017&numProcIn-

t=70963&dtaPublicacaoStr=03/05/2019%2007:00:00&nia=7334649. Acesso em: 2 fev. 2022.

BRASIL. Tribunal Superior do Trabalho. 7ª Turma. *Processo: E-RR-1072-72.2011.5.02.0384*. Relator: Ministro Cláudio Mascarenhas Brandão. Julg. 13/10/2016. Publ. DEJT, 08/09/2017. Disponível em: http://aplicacao4.tst.jus.br/consultaProcessual/decisaoForm.do?numInt=129317&anoInt=2013&codOrgaoJudic=53&anoPauta=2016&numPauta=27&tipSessao=O. Acesso em: 2 fev. 2022.

BRASIL. Tribunal Superior do Trabalho. *Súmula n. 126*. Incabível o recurso de revista ou de embargos (arts. 896 e 894, "b", da CLT) para reexame de fatos e provas. DJ, 19, 20 e 21 nov. 2003. Disponível em: https://www3.tst.jus.br/jurisprudencia/Sumulas_com_indice/Sumulas_Ind_101_150.html. Acesso em: 3 fev. 2022.

BRASIL. Tribunal Superior do Trabalho. Tribunal Pleno. *ED-E--RR-10300-34.2007.5.18.0012*. Relatora: Ministra Dora Maria da Costa. Julg.: 27/06/2016. Publ.: DEJT, 01/07/2016. Disponível em: https://aplicacao5.tst.jus.br/consultaunificada2/inteiroTeor.do?action=printInteiroTeor&format=html&highlight=true&numeroFormatado=ED-E-RR%20-%20210300-34.2007.5.18.0012&base=acordao&rowid=AAANGhAA+AAAPL/AAB&dataPublicacao=01/07/2016&localPublicacao=DEJT&query=. Acesso em: 14 dez. 2021.

BRITO FILHO, José Cláudio Monteiro de. *Trabalho decente*: análise jurídica da exploração do trabalho: trabalho escravo e outras formas de trabalho indigno. 4. ed. São Paulo: LTr, 2016.

CAVALCANTI, Izaura Fabíola Lins de Barros Lôbo. A evolução dos Direitos Humanos e os Interesses Metaindividuais. *In*: COLNAGO, Lorena de Mello Rezende; ALVARENGA, Rúbia Zanotelli de (org.). *Direitos Humanos e Direito do Trabalho*. São Paulo: LTr, 2013. Cap. 20. p. 390-406.

CORA CORALINA. Ofertas de Aninha (Aos moços). *In*: CORA CORALINA. *Vintém de Cobre*: Meias confissões de Aninha. São Paulo: Global Editora, 1997. Disponível em: https://www.pensador.com/frases_que_realmente_sao_de_cora_coralina/. Acesso em: 8 fev. 2022.

CORTE INTERAMERICANA DE DIREITOS HUMANOS. *Caso Almonacid Arellano e Outros vs. Chile*. Exceções Preliminares, Mérito, Reparações e Custas, sentença de 26 de setembro de 2006, Série C, n. 154.

COSTA, Beatriz Casimiro *et al*. *Consolidação das Leis do Trabalho*. 52. ed. São Paulo: LTr, 2021.

DALLARI, Dalmo de Abreu. *Direitos humanos e cidadania.* 2. ed. São Paulo: Moderna, 2004.

DELGADO, Gabriela Neves. Direitos Humanos dos Trabalhadores: perspectiva de análise a partir dos Princípios Internacionais do Direito do Trabalho e do Direito Previdenciário. *Revista do Tribunal Superior do Trabalho*, Brasília, Lex Editora, vol. 77, n. 3, p. 59-76, jul./set. 2011.

DELGADO, Gabriela Neves. *Direto Fundamental ao Trabalho Digno.* 2. ed. São Paulo: LTr, 2015.

DELGADO, Gabriela Neves. Os Paradigmas do Estado Constitucional Contemporâneo. *In:* DELGADO, Mauricio Godinho; DELGADO, Gabriela Neves. *Constituição da República, Estado Democrático de Direito e Direito do Trabalho.* 4. ed. São Paulo: LTr, 2017. p. 17-35.

DELGADO, Gabriela Neves; RIBEIRO, Ana Carolina Paranhos de Campos. Os Direitos Sociotrabalhistas como dimensão dos Direitos Humanos. *Revista do Tribunal Superior do Trabalho,* Brasília, Lex Editora, vol. 79, n. 2, abr./jun. 2013.

DELGADO, Mauricio Godinho; DELGADO, Gabriela Neves. A Declaração de 1998 da OIT sobre os Princípios e Direitos Fundamentais no Trabalho: parâmetros de um marco civilizatório e regulatório para os Direitos Humanos dos Trabalhadores. *Revista da Associação Brasileira de Advogados Trabalhistas* – ABRAT, Belo Horizonte, RTM, ano 6, n. 6, p. 151-170, jan./dez. 2019. Disponível em: http://editorartm.com.br/wp-content/uploads/2020/04/Livro-ABRAT-CONVEN%C3%87%-C3%95ES-INTERNACIONAIS-E-A-LEI-13-4672017-.pdf. Acesso em: 21 dez. 2021.

DELGADO, Mauricio Godinho; DELGADO, Gabriela Neves. A OIT e sua Missão de Justiça Social. *Revista Pensamento Jurídico*, São Paulo, vol. 13, n. 2, [p. 424-445], jul./dez. 2019.

DELGADO, Mauricio Godinho; DELGADO, Gabriela Neves. Apontamentos sobre o controle jurisdicional de convencionalidade das normas de direitos humanos trabalhistas no Brasil: uma análise a partir das convenções e declarações internacionais da OIT. *In*: NEMER, Alberto *et al.* (coord.). *Coleção Direito Material e Processual do Trabalho Constitucionalizados*: direito processual. Porto Alegre: Lex Magister; OAB Nacional, 2020. v. 2. p. 275-318.

DELGADO, Mauricio Godinho; DELGADO, Gabriela Neves. As Declarações de Direitos da OIT e Sua Repercussão na Fundamentação e na

Prática da Missão de Justiça Social do Poder Judiciário Trabalhista. *In*: IGREJA, Rebecca; NEGRI, Camilo (org.). *Desigualdades globais e justiça social*: violência, discriminação e processos de exclusão na atualidade. Brasília: Faculdade Latino-Americana de Ciências Sociais, 2021. p. 291-332. (Coleção de Estudos Globais; 2).

DELGADO, Mauricio Godinho; DELGADO, Gabriela Neves. As Normas Internacionais de Direitos Humanos e a Lei da Reforma Trabalhista no Brasil. *In*: ROCHA, Cláudio Jannotti da *et al*. (org.). *Direito Internacional do Trabalho*: Aplicabilidade e Eficácia dos Instrumentos Internacionais de Proteção ao Trabalhador. São Paulo: LTr, 2018. cap. 19, p. 223-234.

DELGADO, Mauricio Godinho; DELGADO, Gabriela Neves. *Constituição da República e direitos fundamentais*: dignidade da pessoa humana, justiça social e direito do trabalho. 4. ed. São Paulo: LTr, 2017.

EBERT, Paulo Roberto Lemgruber. A Constituição da OIT (1919) e a Declaração de Filadélfia (1944). *In*: ROCHA, Cláudio Jannotti da *et al*. (org.). *Direito Internacional do Trabalho*: Aplicabilidade e Eficácia dos Instrumentos Internacionais de Proteção ao Trabalhador. São Paulo: LTr, 2018. p. 299-309.

ESCRIVÃO FILHO, Antonio; SOUSA JÚNIOR, José Geraldo de. *Para um debate teórico-conceitual e político sobre os direitos humanos*. Belo Horizonte: D'Plácido, 2021.

FINCATO, Denise; VIDALETTI, Leiliane Piovesani. Trabalho decente: uma questão de sustentabilidade. *Revista de Direito do Trabalho e Seguridade Social*, São Paulo, vol. 46, n. 214, p. 137-160, nov.-dez. 2020.

GETÚLIO VARGAS. *O trabalhador brasileiro no Estado Novo*. Discurso pronunciado no estádio "Vasco da Gama", por ocasião das comemorações do Dia do Trabalho, a 1º de maio de 1941. Brasília, DF: Presidência da República, [1941]. p. 259-263. Disponível em: chrome-extension://efaidnbmnnnibpcajpcglclefindmkaj/viewer.html?pdfurl=https%3A%-2F%2Fwww.netvasco.com.br%2Fnews%2Fnoticias16%2Farquivos%2F20210429-083131-1-.pdf&clen=863752&chunk=true. Acesso em: 4 jan. 2022.

GOMES, Ana Virgínia Moreira; FERREIRA, Sarah Linhares. Análise do controle de convencionalidade das convenções da OIT no âmbito do Tribunal Superior do Trabalho. *In*: ROCHA, Cláudio Jannotti da *et al*. *A comunicabilidade do direito internacional do trabalho e o direito do trabalho brasileiro*. São Paulo: Tirant lo Blanch, 2020. p. 96-109. (Coleção Internacional do Trabalho; 2). *E-book*.

GOMES, Luiz Flávio. Controle de Convencionalidade: Valerio Mazzuoli "versus" STF. *Migalhas*, 1º jul. 2009. Disponível em: https://www.migalhas.com.br/depeso/87878/controle-de-convencionalidade--valerio-mazzuoli--versus--stf. Acesso em: 1º fev. 22022.

GRILLO, Sayonara; GONDIM, Thiago Patrício. A OIT e o Futuro do Trabalho: Notas sobre a Atuação da Instituição e seus Limites. *In*: PESSANHA, Elina Gonçalves da Fonte *et al*. (org.). *OIT 100 anos*: ações, impasses e perspectivas. Rio de Janeiro: Lumen Juris, 2020. p. 7-23.

GUERRA FILHO, Willis Santiago. *Teoria da ciência jurídica*. 2. ed. São Paulo: Saraiva, 2009.

HUSEK, Carlos Roberto. *Curso básico de direito internacional público e privado do trabalho*. 4. ed. São Paulo: LTr, 2017.

JUSTIÇA DO TRABALHO. Tribunal Superior do Trabalho. *Ranking das Partes no TST*. Brasília, 31 dez. 2021. Disponível em: https://www.tst.jus.br/web/estatistica/tst/ranking-das-partes. Acesso em: 14 dez. 2021.

LEMOS, Maria Cecília de Almeida Monteiro. A dinâmica de afirmação de Direitos Fundamentais no Estado Democrático de Direito: A matriz constitucional de 1988 e os paradoxos da Lei 13.467/17. *In*: SANTANA, Paulo Campana; LEMOS, Maria Cecília de Almeida Monteiro (org.). *30 anos da Constituição*: Análises contemporâneas e necessárias, uma homenagem dos 50 anos do Curso de Direito do UDF. Brasília: Praeceptor, 2018. p. 205-223.

LEMOS, Maria Cecília de Almeida Monteiro. *O dano existencial nas relações de trabalho intermitente*: reflexões na perspectiva do direito fundamental ao trabalho digno. São Paulo: LTr, 2020.

LOPES, Othon de Azevedo. A dignidade da pessoa humana como princípio jurídico fundamental. *In*: SILVA, Alexandre Vitorino da *et al*. *Estudos de Direito Público*: Direitos Fundamentais e Estado Democrático de Direito. Porto Alegre: Síntese, 2003. p. 193.

LORA ALARCÓN, Pietro de Jesús. *Ciência política, Estado e direito público*: uma introdução ao direito público na contemporaneidade. São Paulo: Verbatim, 2011.

MAEDA, Patrícia. *A era dos zero direitos*: trabalho decente, terceirização e contrato zero-hora. São Paulo: LTr, 2017.

MARANHÃO, Ney; SAVINO, Thiago Amaral Costa. O Futuro do Trabalho sob o olhar da OIT: análise do Relatório "Trabalhar para um Futuro Melhor". *In*: ROCHA, Cláudio Jannotti *et al.* (org.). *A Comunicabilidade do Direito Internacional do Trabalho e o Direito do Trabalho Brasileiro*. Vol. 2. São Paulo: Tirant lo Blanch, 2020. (Coleção Internacional do Trabalho). E-book. p. 53-69.

MATO GROSSO. Corregedoria-Geral da Justiça. *Provimento n. 20/2020*. Dispõe sobre a observância dos tratados de direitos humanos e o uso da jurisprudência da Corte Interamericana de Direitos Humanos. Desembargador Luiz Ferreira da Silva, Cuiabá, 05/06/2020. Disponível em: encurtador.com.br/brIKY. Acesso em: 6 fev. 2022.

MATO GROSSO DO SUL. Instrução de Serviço n. 01/2018/GAB, de 22/03/2018. Desembargador Ruy Celso Barbosa Florence. *Diário de Justiça*, n. 3995, Campo Grande, 26/03/2018.

MAZZUOLI, Valério de Oliveira. *Controle jurisdicional da convencionalidade das leis*. 5. ed. Rio de Janeiro: Forense, 2018.

MAZUOLLI, Valério de Oliveira. *Curso de Direitos Humanos*. 6. ed. rev., atual. e ampl. Rio de Janeiro: Forense, Método, 2019.

MAZZUOLI, Valério de Oliveira. *Rumo às novas relações entre o direito internacional dos direitos humanos e o direito interno*: da exclusão à coexistência, da intransigência ao com diálogo das fontes. Tese (Doutorado em Direito) – Faculdade de Direito, UFRGS, Porto Alegre, 2008.

MAZZUOLI, Valério de Oliveira; GOMES, Luiz Flávio Gomes. Características Gerais do Direito (Especialmente do Direito Internacional) na Pós-Modernidade. *Themis*, ano X, n. 18, p. 5-31, 2010.

MELO, Raimundo Simão de. Interpretação e aplicação do Direito do Trabalho. *Revista Consultor Jurídico*, 7 jan. 2022. Disponível em: https://www.conjur.com.br/2022-jan-07/reflexoes-trabalhistas-interpretacao--aplicacao-direito-trabalho. Acesso em: 16 jan. 2022.

MONTSERRAT FILHO, José. Globalização, Interesse Público e Direito Internacional. *Estud. Av.*, São Paulo, vol. 9, n. 25, set./dec. 1995. Disponível em: https://doi.org/10.1590/S0103-40141995000300006. Acesso em: 23 nov. 2019.

MORAES, Camila Miranda de. Atuação do Tribunal Superior do Trabalho na Exegese e criação de Direitos Trabalhistas. *Revista do TST*, Brasília, vol. 83, n. 1, p. 217-234, jan./mar. 2017.

NEVES, José Luis. Pesquisa Qualitativa – características, usos e possibilidades. *Caderno de Pesquisas em Administração*, São Paulo, v. 1, n. 3, p. 1-5, 2º sem. 1996. Disponível em: https://www.academia.edu/8171621/PESQUISA_QUALITATIVA_CARACTER%C3%8DSTICAS_USOS_E_POSSIBILIDADES. Acesso em: 2 fev. 2022.

O PAPA: a ninguém falte o trabalho, a dignidade do trabalho e a justa retribuição. *Vatican News*, 1º maio 2020. Disponível em: https://www.vaticannews.va/pt/papa-francisco/missa-santa-marta/2020-05/papa-francisco-missa-santa-marta-coronavirus-dignidade-trabalho.html. Acesso em: 14 set. 2021.

OIT - ORGANIZAÇÃO INTERNACIONAL DO TRABALHO. Bureau Internacional do Trabalho. *Documento final do Centenário*: Quarto ponto da ordem de trabalho. Genebra: OIT, 2019. Disponível em: https://www.ilo.org/wcmsp5/groups/public/---europe/---ro-geneva/---ilo-lisbon/documents/publication/wcms_706928.pdf. Acesso em: 22 set. 2021.

OIT - ORGANIZAÇÃO INTERNACIONAL DO TRABALHO. Comissão Global sobre o Futuro do Trabalho. *Trabalho para um futuro mais brilhante*. Genebra: OIT, 2019. Disponível em: https://www.sinait.org.br/docs/trabalho_para_um_futuro_mais_brilhante_oit.pdf. Acesso em: 22 set. 2021.

OIT - ORGANIZAÇÃO INTERNACIONAL DO TRABALHO. *Declaração do Centenário da OIT para o futuro do trabalho*. Genebra: OIT, 2019. Disponível em: https://www.ilo.org/wcmsp5/groups/public/---europe/---ro-geneva/---ilo-lisbon/documents/publication/wcms_749807.pdf. Acesso em: 26 nov. 2021.

OIT - ORGANIZAÇÃO INTERNACIONAL DO TRABALHO. Notícias. *Cúpula Mundial da OIT firma compromisso de criar um mundo do trabalho melhor após a Covid-19*. 13 jul. 2020. Disponível em: https://www.ilo.org/brasilia/noticias/WCMS_750857/lang--pt/index.htm. Acesso em: 27 set. 2020.

OIT - ORGANIZAÇÃO INTERNACIONAL DO TRABALHO. *Trabalhar para um Futuro Melhor:* Comissão Mundial para o Futuro do Trabalho. Lisboa: OIT, 2019. Disponível em: https://www.ilo.org/lisbon/publica%C3%A7%C3%B5es/WCMS_677383/lang--pt/index.htm. Acesso em: 27 set. 2020.

OIT – ORGANIZAÇÃO INTERNACIONAL DO TRABALHO. *Trabalho decente nas Américas*: uma agenda hemisférica, 2006-2015. Disponível em: https://www.ilo.org/wcmsp5/groups/public/---americas/---ro-lima/---ilo-brasilia/documents/publication/wcms_226226.pdf . Acesso em: 1º fev. 2022.

OIT - ORGANIZAÇÃO INTERNACIONAL DO TRABALHO. *Trabalho digno*. [201-]. Disponível em: https://www.ilo.org/lisbon/publica%C3%A7%C3%B5es/WCMS_650867/lang--pt/index.htm. Acesso em: 22 set. 2021.

OIT - ORGANIZACIÓN INTERNACIONAL DEL TRABAJO. CONFERENCIA INTERNACIONAL DEL TRABAJO. 87ª reunión. *Memoria Del Director General*: Trabajo Decente. Oficina Internacional del Trabajo, Ginebra, jun. 1999. Disponível em: https://www.ilo.org/public/spanish/standards/relm/ilc/ilc87/rep-i.htm. Acesso em: 21 dez. 2021.

OIT – ORGANIZAÇÃO INTERNACIONAL DO TRABALHO. *Conferência Internacional do Trabalho acrescenta segurança e saúde aos Princípios e Direitos Fundamentais no Trabalho*. Disponível em: https://www.ilo.org/brasilia/noticias/WCMS_848148/lang--pt/index.htm. Acesso em: 18 jun. 2022.

OLIVEIRA, Christiana D'Arc Damasceno. *(O) direito do trabalho contemporâneo*: efetividade dos direitos fundamentais e dignidade da pessoa humana no mundo do trabalho. São Paulo: LTr, 2010.

ONU - ORGANIZAÇÃO DAS NAÇÕES UNIDAS. Agenda 2030. *Os 17 Objetivos de Desenvolvimento Sustentável*. Disponível em: https://www.unodc.org/lpo-brazil/pt/crime/embaixadores-da-juventude/conhea-mais/a-agenda-2030-para-o-desenvolvimento-sustentvel.html. Acesso em: 2 out. 2021.

ONU - ORGANIZAÇÃO DAS NAÇÕES UNIDAS. Objetivo de Desenvolvimento Sustentável. *8 Trabalho decente e crescimento econômico*. c2021. Disponível em: https://brasil.un.org/pt-br/sdgs/8. Acesso em: 21 nov. 2021.

PIMENTA, José Roberto Freire; PIMENTA, Raquel Betty de Castro; RENAULT, Luiz Otávio Linhares. A Internacionalização dos Direitos Humanos e o papel da Organização Internacional do Trabalho. In: ROCHA, Cláudio Jannotti *et al*. *A Organização Internacional do Trabalho*: sua História, Missão e Desafios. Vol. 1. São Paulo: Tirant lo Blanch, 2020. p. 58-78. (Coleção Direito Internacional do Trabalho). *E-book*.

POCHMANN, Márcio. O movimento do trabalho frente à desconstituição da CLT. *In*: FRAGA, Ricardo Carvalho (coord.). *Direito do Trabalho*: após reformas. Gramado, RS: Aspas Editora, 2020. p. 447-471.

PORTO, Lorena Vasconcelos; BELTRAMELLI NETO, Silvio; RIBEIRO, Thiago Gurjão Alves. O dever de proteção dos direitos humanos pelo Poder Judiciário. *In*: PORTO, Lorena Vasconcelos; BELTRAMELLI NETO, Silvio; RIBEIRO, Thiago Gurjão Alves. *Temas da Lei n. 13.467/2017 (Reforma Trabalhista)*: à luz das normas internacionais. Brasília: Gráfica Movimento, 2018. p. 8-37.

PORTO, Lorena Vasconcelos; BELTRAMELLI NETO, Silvio; RIBEIRO, Thiago Gurjão Alves. Trabalho autônomo. *In*: PORTO, Lorena Vasconcelos; BELTRAMELLI NETO, Silvio; RIBEIRO, Thiago Gurjão Alves. *Temas da Lei n. 13.467/2017 (Reforma Trabalhista)*: à luz das normas internacionais. Brasília: Gráfica Movimento, 2018. p. 64-91.

RODRIGUES, Léo. Estudo revela tamanho da desigualdade de gênero no mercado de trabalho. *Agência Brasil*, 4 mar. 2021. Disponível em: https://agenciabrasil.ebc.com.br/economia/noticia/2021-03/estudo-revela-tamanho-da-desigualdade-de-genero-no-mercado-de-trabalho. Acesso em: 15 dez. 2021.

SANTIAGO, Helena. Avanços nas ODS no Brasil e no Mundo. *Boletim de Inovação e Sustentabilidade* – BISUS, São Paulo, v. 1, p. 1-51, 2018. Disponível em: https://www.pucsp.br/sites/default/files/download/bisus-2018-vol1-avancos-nas-ods.pdf. Acesso em: 20 nov. 2021.

SILVA, Homero Batista Mateus da. *Direito do Trabalho Aplicado*: Processo do Trabalho. São Paulo: Thomson Reuters Brasil, 2021. v. 4.

SILVA, Ildete; SOUZA, Maria Cláudia. Trabalho decente como consolidação do respeito à dignidade do trabalhador: aspectos destacados para interpretação da reforma trabalhista à luz da Constituição de 1988. *Revista de Direitos Fundamentais nas Relações de Trabalho, Sociais e Empresariais*, Porto Alegre, v. 4, n. 2, p. 22-40, jul./dez. 2018.

SÜSSEKIND, Arnaldo Lopes. Os direitos humanos do trabalhador. *In*: DIREITO, Carlos Alberto Menezes; TRINDADE, Antonio Augusto Cançado; PEREIRA, Antonio Celso Alves (coord.). *Novas perspectivas do direito internacional contemporâneo*: estudo em homenagem a Celso. A. Mello. Rio de Janeiro: Renovar, 2008. p. 621-626.

SÜSSEKIND, Arnaldo. *Direito Internacional do Trabalho*. 3. ed. atual. e com novos textos. São Paulo: LTr, 2000.

TALYULI JÚNIOR, Ely. *A cumulação dos adicionais de insalubridade e periculosidade, sob a perspectiva constitucional e internacional, como proteção jurídica à saúde do trabalhador*. São Paulo: LTr, 2018.

TOCANTINS. Corregedoria-Geral da Justiça. Recomendação n. 01/2017/CGJUS/CHGABCGJUS. Dispõe sobre a observância dos tratados de direitos humanos e o uso da jurisprudência da Corte Interamericana de Direitos Humanos. Desembargador Eurípedes Lamounier, *Diário da Justiça*, n. 3964, Palmas, 25/01/2017, p. 41. Disponível em: https://wwa.tjto.jus.br/diario/diariopublicado/2801.pdf. Acesso em: 6 fev. 2022.

WANDELLI, Leonardo Vieira. *O Direito Humano e Fundamental ao Trabalho*: Fundamentação e Exigibilidade. São Paulo: LTr, 2012.

WORDCLOUD GENERATOR. Disponível em: https://www.wordclouds.com. Acesso em: 2 fev. 2022.